1 Jahr

Liebe Perlenfreundinnen und Perlenfreunde,

die Anfänge sind gemacht – nun trauen wir uns: Wir rufen den ersten vom Beaders Best Verlag organisierten Perlenwettbewerb aus! Seien auch Sie mutig und melden Sie sich an! Alles Weitere lesen Sie auf den Seiten 96 und 97.
Eine beständige Größe in der Perlenwelt ist Judy Walker. Wie sie von der Idee zur Realisation kommt, berichtet Judy ab Seite 10. Schauen Sie sich einige ihrer geometrischen Schönheiten an! Haben Sie Lust, ihre „Pinch Cube Chain" nachzuarbeiten? Ab Seite 80 finden Sie die Anleitung.
Begleiten Sie uns zu Perlenkünstlern in ihre „Wiener Werkstätten": Wovon sind sie inspiriert, welche Ansprüche stellen sie an Schmuck? Ab Seite 46 erfahren Sie mehr.
Steht Ihnen der Sinn nach Sommer? Einige unserer Anleitungen sind wunderbar sommerlich-fröhlich-bunt! Apropos Farben: dankeschön für die vielen Karten. Lila und Beerentöne standen ganz oben auf der Liste der Lieblingsfarben, dann mit etwas Abstand blau und grün wie auch türkis. Alle anderen Farben wurden seltener genannt.
Die japanische Flechttechnik Kumihimo wird Ihnen ab Seite 88 vorgestellt. Interessant, wie Perlen einmal ganz anders verbunden werden.
Ganz viele Perlen wird es auf der ersten reinen Perlenmesse in Deutschland am 20./21. August 2011 in Hamburg geben. Die Vorbereitungen laufen bereits auf Hochtouren. Informationen finden Sie die in der nächsten Zeit unter www.perlen-poesie.de (Kurse, Workshops, Shows, Anmeldungen, Preise etc.).

Nun viel Spaß mit der neuen Perlen Poesie!

Ihre

Andrea Ott
Andrea Ott
Herausgeberin

INTERNATIONAL BEAD AWARD

10 Perle in 3-D

Judy Walker: Ihre Schmuckdesigns erinnern an die Werke des französischen Malers und Grafikers Victor Vasarely. Sehen Sie selbst.

Schatzkiste

Suchen Sie das Ungewöhnliche in Sachen Perlen? Schauen Sie in Wien in der Falkestraße 6 rein. Dort finden Sie afrikanische, venezianische Perlen und viel mehr.

86

46

Wiener Künstler …

… sind wie vor 100 Jahren nah an Böhmen! Sie besitzen unermessliche Schätze an alten Perlen, die sie zusammen mit neuen und in manchmal außergewöhnlichem Materialmix zu wunderbarem Schmuck verarbeiten. Reisen Sie mit uns in die Wiener Perlenwelt!

Kumihimo 88

Etwas für Sie? Die traditionelle Technik des Fädenflechtens ist in der Schmuckherstellung eine interessante Ergänzung zu Perlen. Wagen Sie die ersten Schritte!

15

Anleitungen 26

Attraktive Designs als Leckerbissen! Sie mögen Peyote, RAW oder Herringbone – unsere Künstler zeigen es Ihnen mit ausführlichen Anleitungen. Ein Anhänger, der Ihr Können fordert: Pom-Pom-Bead. Alle unsere Anleitungen sind sorgfältig geprüft und teilweise nachgefädelt. Beachten Sie die Hinweise auf Schwierigkeitsgrad, Zeiteinsatz und Kosten.

Schmuckes Stück

Gesehen bei: FLO Vintage-Nostalgische Mode, Schleifmühlengasse 15a · 1040 Wien

Aus der Jugendstilzeit stammt dieses Jäckchen. Es ist aus Seidentüll und mit lauter kleinen Glasperlen bestickt. Wiener Handarbeit. Man trug es über Kleider oder zu einem langen schmalen Rock, und unter dem Jäckchen ein Seidentop.

Termine:

05.–06.06.2010
Kölner Creativ Sommer
RheinEnergie Stadion, Köln
www.expo-concept.de

18.06.–31.07.2010
Ausstellung „Perlen"
Galerie Handwerk, München
www.hwk-muenchen.de

19.–20.06.2010
Textile Art Berlin, Berlin-Kreuzberg,
www.textile-art-berlin.de

09.07. – 10.10.2010
Rubinglanz, Gablonzer Modebijouterie der Firma Prade aus Jahren 1922–1995, mehr unter:
www.msb-jablonec.cz/de

Lust an schönen Verschlüssen
Den internationalen Markt mit einer vielseitigen Auswahl an Verschlüssen „Made in Germany" zu bedienen, setzt sich die „Claspgarten GmbH" zum Ziel, zum Beispiel mit diesen 7-reihigen Schließen mit Federverschluss in Kristallfarben: light colorado topaz sowie amethyst, tanzanite und violet.
www.claspgarten.com

Kumihimo
Die uralte japanische Flechttechnik findet immer mehr Anhänger auch in Europa. Original Scheiben – exklusiv aus Japan importiert. Marudai, Tama, Kumihimo-Seide – damit gelingen rasch erste Erfolge.
www.diekloeppelkiste.de

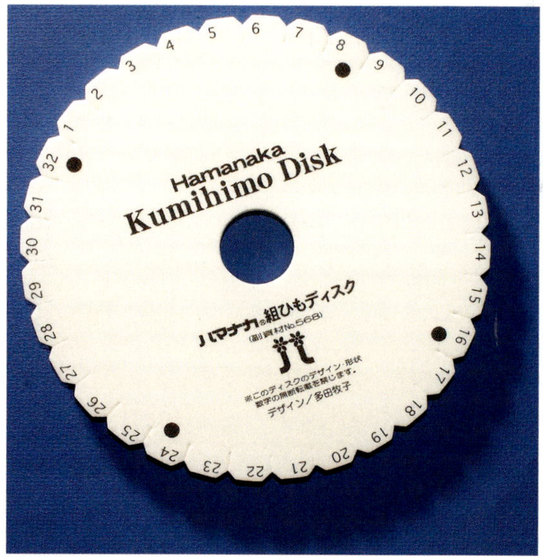

Entdeckt ...

... und für berichtenswert erachtet. Haben auch Sie etwas Gutes gefunden, lassen Sie es uns bitte wissen. Senden Sie Ihre Nachricht an: redaktion@perlen-poesie.de.

Neuheiten der Firma Swarovski
Die ersten Elemente aus geschliffener Keramik – Flat Backs, Beads, Pendants – die die natürliche Schönheit antiker Keramiken aufgreifen. Sie sind völlig opak und poliert, dabei hart und kratzfest! In verschiedenen Farbtönen erhältlich. Wissenswertes über die neusten Kollektionen von CRYSTALLIZED™ - Swarovski Elements auch unter: **www.perlen-poesie.de**

Der Europäische Design Wettbewerb 2010 von I-Perlen und CRYSTALLIZED™ - Swarovski Elements bietet Designern eine Möglichkeit ihrem kreativen Talent freien Lauf zu lassen. Hauptpreis ist die einmalige Gelegenheit, ein Schmuckstück, Mode-Accessoire oder Dekoartikel für das 2010 CREATE YOUR STYLE with CRYSTALLIZED™ - Swarovski Elements Inspirational Workbook zu entwerfen.
Mehr unter **www.perlen-poesie.de** und **competition.i-perlen.de/**

10.–12.09.2010
Creativa Lugano
Centro Esposizioni Lugano, Lugano/CH
www.expo-creativa.info

Ausstellung bis 15.11.2010
„mdntu'c – little spirits. Die Sprache der Glasperlen"
NONAM Museum, Zürich/CH
www.stadt-zuerich.ch

04.09.2010–16.01.2011
The Tempest – Glasperlen internationaler Glaskünstler, Glasmuseum, www.immenhausen.de/glasmuseum/index.html

Buch oder kein Buch? – Der „Varinicer"

Die Firma Rudolf Vater verstaut Kleinteile in einer dekorativen Buch- oder Boxenform in verschiedenen Farben. Unterschiedlich große Einsätze sitzen rutschfest in der gelochten Bodenplatte. Mit Griffvorrichtung und einseitiger Schaufelform lassen sich die Kleinteile entnehmen. Ab Herbst im Handel erhältlich.

www.rudolf-vater.de

Wir verlosen einen „Varinicer" (Zusendung im Herbst). Senden Sie eine Postkarte mit dem Stichwort „Varinicer" und schreiben uns, wie Sie Ihre Perlen gerne aufbewahren. Einsendungen bis 31.07.2010 (Einsendungen per Mail können leider nicht berücksichtigt werden) an:

Beaders Best Verlag, Andrea Ott,
Elsässer Str. 11, 23564 Lübeck

BEADALON® Titanium Kink Free Beading Wire

Dieser Schmuckdraht ist knickfrei: Er richtet sich nach einem Abknicken von selbst wieder in seine Ursprungsform zurück. Der Titanium-Look wirkt elegant und lässt sich gut mit Kristallen, Metallperlen und „gewichtigen" Perlen verarbeiten. Erhältlich in Spulen mit etwa 3 m (10 ft) und 30 m (100 ft) Ø 0,53 mm.

www.beadalon.com

Edle Rocailles aus Italien

PITE™ bietet Schmuckmachern neue Inspiration durch sechs verschiedene neue Rocailles, die komplett in Sterlingsilber 925 gefertigt werden. Sie haben eine einzigartig facettierte Oberfläche, die das Licht reflektiert und die Perlen funkeln lassen. Erhältlich in silver, rhodium plated, golden plated, black, brown und light pink.

www.pite.it

Metall ist „in"

Jedes der filigranen „Vintaj®" Elemente wie der zarte Schmetterling wird sorgfältig bearbeitet und verziert. Die natürliche Schönheit von Messing steht dabei im Vordergrund. Alle Teile sind nickel- und bleifrei. Deutsches Händlerverzeichnis unter:

Vintaj® Natural Brass Co.,
www.vintaj.com

Das zarte Gold-Bauteil und andere Komponenten werten Ketten und Armbänder auf. Ob Gold, Silber, Kupfer oder Bronze – passend für jedes Budget, Ansporn für neue Ideen. I-Perlen,
www.i-perlen.de

Perle

in 3-D

Judy Walker: „Victor Vasarely“ der Perlenkunst. Ihre Werke zeichnen sich durch hohe Präzision und ausgewogene Symmetrie aus.

„Rainbow Byzantine Chain Necklace“: eine Variation des Byzantine Chain Necklace. „Das Schwierigste für mich war, die feine Farbabstufung zu erstellen.“ →

„Ich starre blind in die Luft und ‚sehe', wie jede Perlen an ihren Platz geht."

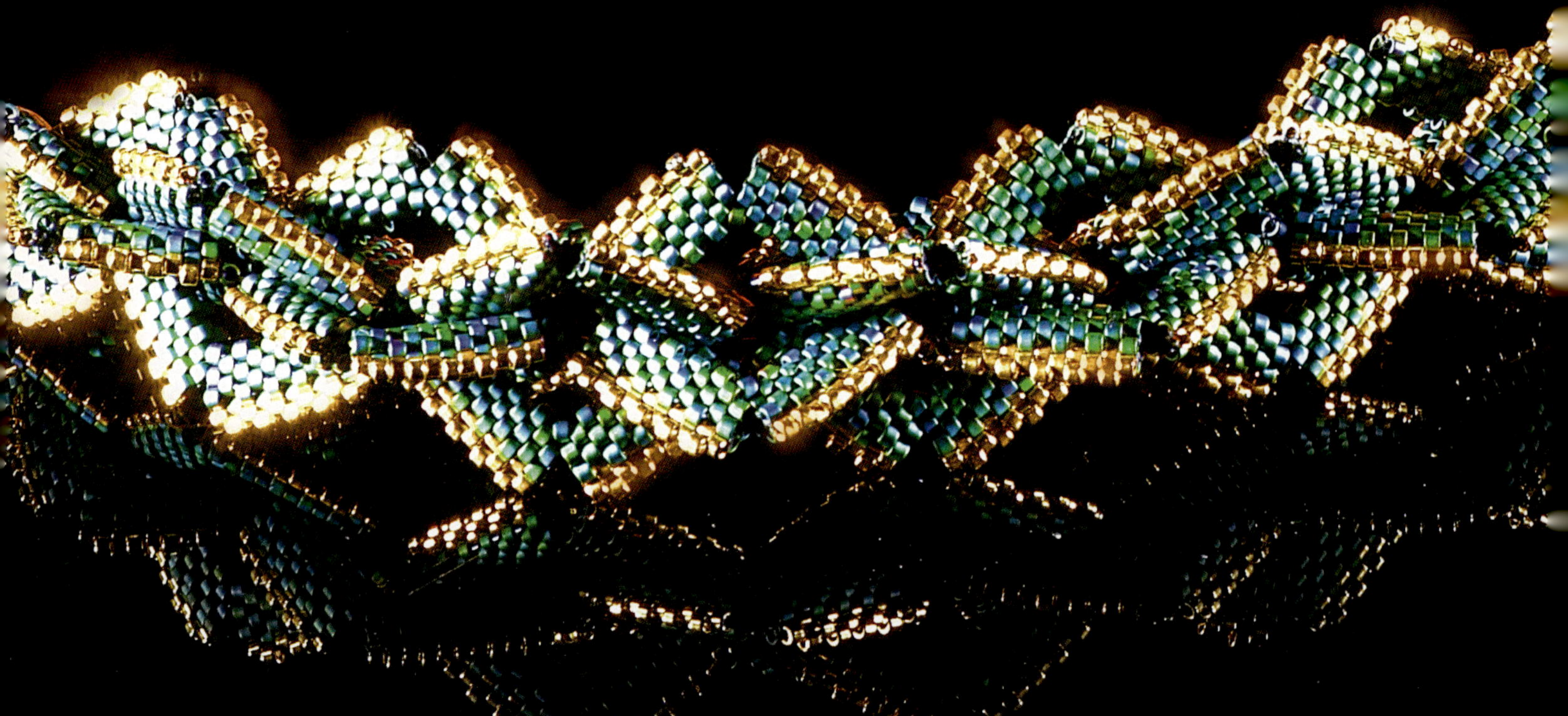

„Pinch-Cube-Chain“: Hier in zwei Variationen, eine in einer subtilen Farbgebung Grün-Gold, die andere im starken Farbkontrast Schwarz-Weiss-Rot. →

„Tube Beads“: Für dieses Stück besuchte Judy viele Restaurants –um die richtige „Füllung“ zu finden. Gearbeitet in Peyote unter Verwendung von dichromatischen (zweifarbigen) Zylinderperlen, hergestellt von Jamie Kawahara. Die Füllung jeder Perlenröhre besteht aus Trinkstrohhalmen, damit wird jedes Element etwas steifer. Die große Perle wurde mit Kunststoffstreifen von Verpackungsmaterial gefüllt,die zu einem Ring geformt waren und in der Perle aufsprangen, um so die notwendige Festigkeit zu erzeugen.

„Irgend etwas Handwerkliches mache ich jeden Tag. Es vergehen keine zwei Tage ohne Perlen.“

„Mein Mann muss mir keine teuren Sachen kaufen. Ich brauche nur Glasperlen!“

Judy kann ihr Perlenwerk von allen Seiten betrachten, ja sie sieht jede einzelne Perle! Na ja, was ist denn daran so ungewöhnlich? Nun, dieses Werk gibt es zu diesem Zeitpunkt nur in ihrer Vorstellung. Judy kann es wie eine 3-D-Computeranimation im Kopf hin und her drehen. Wow! „Ich kann da sitzen und blind in die Luft starren, um mir etwas vorzustellen. Ich fange im Kopf an, mit Nadel und Faden zu arbeiten, sehe wie jede Perle an ihren Platz geht, dann sehe ich das Stück fertig vor mir“, erzählt sie am Telefon. Das kann nicht jeder! Wo hat sie das gelernt? Wer ist sie?

Fangen wir mit der zweiten Frage an. Sie ist – bescheiden! Ja, denn als Erstes erwähnt sie ihre leider verstorbene gute Freundin Penny Harrell, Perlenkünstlerin. Sagt, sie wäre ohne Ermunterung, Ansporn und Rückhalt von Penny niemals in die „Beading-Szene“ gekommen, hätte nicht unterrichtet. Dann lobt sie Ihren Kollegen Huib Petersen (s. Perlen Poesie 3), welch wunderbare Sachen er entwerfe, sowohl geometrische als auch organische Formen, welch brillanter Künstler und angenehmer Kursleiter er wäre. Sie hat den ersten Kurs, den er geleitet hat, besucht. Dann lobt sie auch ihren Ehemann, der sie so unterstützt.

Judy holt nun etwas aus, sagt, dass ihre Eltern eigentlich nie an den Dingen, die sie tat, interessiert waren. Sie hatten dieses Status-Denken, schenkten mehr Aufmerksamkeit dem, was man landläufig „Erfolg“ nennt. Von so etwas wie Kunst ließen sie sich nicht beeindrucken. Sie erzählt: „Ich war schon als Kind immer dicklich, viel allein und habe viel für mich geforscht und gelernt. Zum Beispiel habe ich mir das Spielen einiger Musikinstrumente alleine beigebracht. Das kam so: Ich ging zu einer Show, für die man sich im Stil der Renaissance-Zeit Englands kleidet, die entsprechende Musik spielt und dazu tanzt, auch Stücke aufführt, zum Beispiel von Shakespeare – eine fröhliche Sache. Ich mochte die Musik, also habe ich ein Aufnahmegerät gekauft und brachte mir selbst das Spielen bei und wurde schließlich in eine Tanzband, die Renaissance-

„Entangled Spheres“: „Ich sah schon vorher die beiden Elemente fertig gefädelt. Natürlich arbeitete ich die verzahnten Teile zuerst. Danach war die Spannung raus und ich musste mich richtig zwingen zu Ende zu arbeiten.“ Judy verwendete Delicas 10/0.

→

„Three Ivory Spheres“: „Ich wollte ein Stück machen, das man in die Hände nimmt, es entdeckt und damit spielt. Der von mir bewunderte David Chatt bringt diese Verspieltheit in seine Perlenwerke. Dann gibt es diese vielschichtigen, aus Elfenbein geschnitzten Puzzle-Bälle, die ich mal in einem Museum in London gesehen habe. Ein Jahr lang habe ich mich immer wieder damit beschäftigt. Aus den geplanten sechs Schichten sind drei geworden, weil es viel besser aussah. Ich hatte so viele Zweifel, was die Farbwahl betrifft: Sind die Farben zu subtil, hätte ich kontrastierende Farben nehmen sollen? Der Außenstehende mag denken, dass alles so von Anfang an geplant war, doch mir lässt es keine Ruhe, dieses Stück auch in kontrastierenden Farben zu machen, um die Wirkung zu testen!“

auch nie girly-haft, mochte mich nicht in Schale werfen, mochte kein Make-up. Mein Mann muss mir keine teuren Sachen kaufen. Ich brauche nur Glasperlen", lacht sie.

Musik spielte, aufgenommen! Ich war so stolz und aufgeregt, doch mein Vater fragte: Wie viel bezahlen sie dir? Ich sagte, ich mache das kostenlos, worauf er wissen wollte, warum ich denn so was mache. Er konnte es überhaupt nicht verstehen. Ja, so waren meine Eltern. Doch Richard ist genau das Gegenteil. Er ist stolz auf alles, was ich mache, er gibt mit mir an, lobt mich bei anderen. Ich denke, ich habe einen Mann aus einer Million, ich schätze ihn wirklich."

Warum arbeitet sie mit Perlen? Sie hat es immer geliebt, aber auch Handarbeiten, die Faden oder Papier erfordern. Zurzeit lockt ihre Nähmaschine wieder. „Doch nur das Arbeiten mit Perlen bietet alles, was meine Kreativität zufriedenstellt. Es ist meine intensivste Beschäftigung. Alles kann mich anregen, etwas Neues zu entwerfen: Mosaikfliesen, ein Eisenzaun, Florentiner Stickerei, eine Samenschote, keltische Knoten – ich stelle mir diese Muster in Perlen vor. Doch die Perlen überraschen und haben manchmal ihren eigenen Plan ..."

Wie kommt Judy zu ihrer Farbwahl? Sie sagt, dass sie ihre Projekte bei der Planung zwar dreidimensional vor sich habe – jedoch nur in Grau. Sie hat keine Farben vor Augen. Wenn das Stück im Kopf fertig ist, arbeitet sie es zuerst in einer ganz simplen Farbkombination, wie Schwarz/Weiß oder Schwarz/Weiß/Rot, sodass die verschiedenen Teile deutlich hervortreten. „Wenn das fertig ist, fange ich erst an, intensiv über Farben nachzudenken." Sie habe eine Menge von „nicht schönen" Anfängen. Sie probiert kleine Teilstücke in verschiedenen Farbkombinationen aus. „Die Perlen sehen, wenn sie so nebeneinander liegen, anders aus, als wenn sie verarbeitet sind; da experimentiere ich viel herum", sagt sie.

„Wenn ich 500 Jahre leben würde, wäre jeder Tag gefüllt, so viele Ideen habe ich."

Trägt sie Kreationen, die sie selbst hergestellt hat? „Außer meinem Ehering trage ich fast nie Schmuck – im Gegensatz zu meiner Freundin Penny, die immer Schmuck trug, selbst wenn sie ins Badezimmer ging. Ich habe dieses feminine Denken nicht. Ich war als junger Mensch

Foto: Richard Walker

Judy Walker beim Fädeln in ihrem Werkraum.

Temperamentvoll beschreibt Judy Walker ihre Einstellung zu ihrer Kunst: „Wenn ich 500 Jahre leben würde, wäre jeder Tag randvoll, denn ich habe so viele Ideen. Selbst wenn es nur das Arbeiten mit Perlen wäre, könnte ich damit locker 500 Jahre füllen! Ich verstehe nicht, wie Menschen den Drang, etwas Kreatives zu tun, nicht verspüren können. Es ist mir unbegreiflich, wenn mir jemand sagt, er verstehe nicht, wie man diese Art der Handarbeit aushalten könne, das würde ihn verrückt machen. Ist es nicht so, dass alle Kinder von Natur aus gern kreativ sein möchten? Jedes Kind ist begeistert, wenn es etwas ausprobieren kann. Ich verstehe nicht, wie sich Menschen im Laufe ihres Lebens so verändern können. Ich wurde in meiner Kindheit nicht ermuntert, diesen Weg zu gehen, doch der Drang in mir war stark. Ich werde nie verstehen, wie ein Mensch nicht wünschen kann, Dinge zu machen!"

Judy Walker hat 2008 das Buch „The Beaded Sphere and Variations – Beading in the Third Dimension" herausgegeben (ISBN 978-0-9816-553-7-6, www.walkerpublications.com).

Andrea Ott

→

„Ich trage fast nie Schmuck!“

„Hexagonal Bargello Box“: „Die Box ist praktisch der Vorfahr aller meiner geometrischen Perlenwerke. Das Motiv stammt von der ersten eigenständigen Perlenarbeit, einer Amulett-Tasche. Die Box ist sehr beliebt bei meinen Kursteilnehmern.“ ←

Grandioser Schmuck
leicht herzustellen mit . . .
New home of
Artistic Wire®
permanently colored copper wire
Beadalon®
Create Something Great™
www.beadalon.com
Händler, die Beadalon-Produkte führen, finden Sie unter:
www.beadalon.com/locatewheretob,uy.asp
Lernen Sie, dieses Modell von Laura Andersen „The Chain Maille Lady™", zu
www.beadalon.com/babypinkdragonscale.asp
#45

Fädeln im rechten Winkel

Heute beginnen wir den Kurs über Right Angle Weave. Teil 1 zeigt die Technik der 2-dimensionalen Variante.

Dieses Armband zeigt sehr schön die Anwendung von 2-D-Right-Angle-Weave. Die Kreuzungspunkte sind mit verschiedenen Rocailles und Tropfenperlen kaschiert. Technik: 1-Nadel RAW.

Der „Right Angle Weave" – übersetzt „Rechtwinkelstich" wird oft mit RAW abgekürzt. Er verdankt seinen Namen dem Fadenverlauf und der Anordnung der Perlen. Man fädelt immer kleine Quadrate aus 4 Perlen, die im Arbeitsverlauf miteinander vernetzt werden. Dabei fädelt man immer im rechten Winkel „um die Ecke" und nie geradeaus. Wichtig ist, dass die Perlen dabei die Seiten der Quadrate bilden und nicht die Ecken.

Der RAW-Stich ist sehr vielfältig zu nutzen. Die Perlenkünstlerin Marcia DeCoster verwendet den Stich oft als Einfassung für Steine oder als Basis, die später verziert wird. Shelley Nybakke zeigt mit ihren Armreifen aus Metallperlen eine weitere Variante wie der Rechtwinkelstich eingestetzt werden kann.

Fädelt man RAW mit Rocailles, erhält man ein weiches Netz. Verwendet man hingegen Bicone-Perlen, bildet sich eher eine stabile Fläche.

Es gibt zwei Möglichkeiten, RAW zu fädeln. Fädeleien mit Rocailles werden häufig mit der „1-Nadel-Technik" gearbeitet, für Arbeiten mit Bicone-Perlen bevorzugt man wiederum die „2-Nadel-Technik", die manchen etwas aufwendiger erscheint, jedoch eine bessere Fadenspannung erlaubt und ein gleichmäßigeres Ergebnis bringt. Um deutlich zu machen, wie die Perlen liegen müssen, sind für beide Varianten Bicone-Perlen abgebildet.

Für diese Teststücke wurden Rocailles verwendet; links: 1-Nadel-RAW, rechts: 2-Nadel-RAW. Hier liegen die Perlen noch exakter.

Die 1-Nadel-Technik

1. Hinreihe: 4 Perlen aufnehmen. Bis ca. 10 cm an das Ende des Fadens schieben und verknoten. Weiter durch 1 Perle fädeln. Der Knoten verschwindet in dieser Perle. Der Faden kommt rechts aus der Perle heraus.

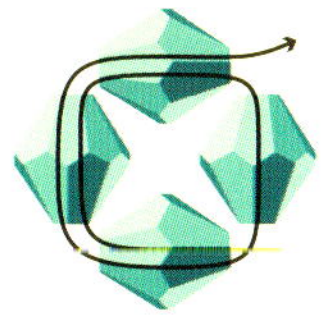

3 Perlen aufnehmen. Wiederum von links nach rechts durch die letzte Perle von Schritt 2 fädeln. Weiter durch die ersten beiden neu aufgenommen Perlen fädeln. Der Faden kommt links aus der obersten waagerechten Perle heraus.

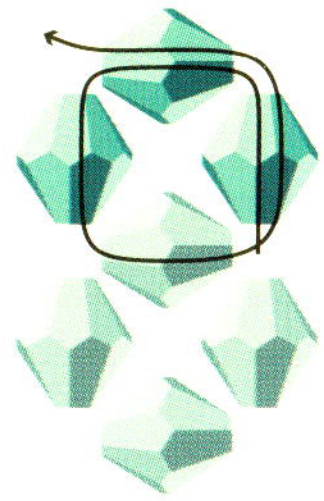

3 Perlen aufnehmen. Nochmals von rechts nach links durch die letzte Perle von Schritt 3 fädeln. Weiter durch alle 3 neu aufgenommenen Perlen fädeln. Der Faden kommt unten aus der rechten senkrechten Perle heraus.

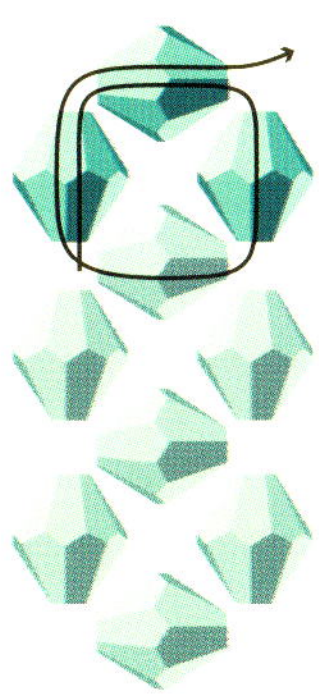

Wende zur Rückreihe: 3 Perlen aufnehmen. Nochmals von oben nach unten durch die letzte senkrechte Perle der Hinreihe und die 1. der neu aufgenommenen Perlen fädeln.

2 Perlen aufnehmen. Durch die mittlere senkrechte Perle der Hinreihe, die letzte waagerechte Perle der Rückreihe, durch die beiden neu aufgenommenen Perlen und die untere senkrechte Perle der Hinreihe von oben nach unten durchfädeln.

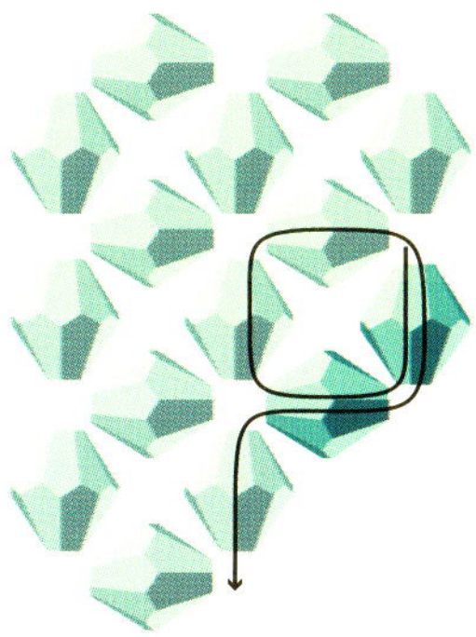

2 Perlen aufnehmen. Durch die letzte waagerechte Perle der Rückreihe, der untere senkrechte Perle der Hinreihe und den beiden neu aufgenommenen Perlen fädeln.

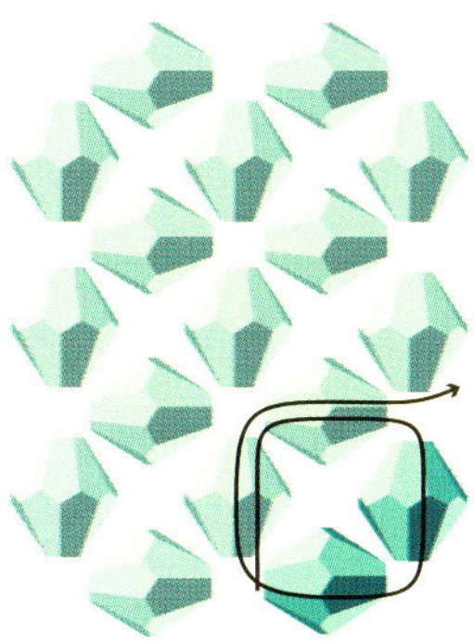

2. Hinreihe: 3 Perlen aufnehmen. Durch die letzte senkrechte Perle der Rückreihe und die erste der neu aufgenommenen Perlen fädeln.

2 Perlen aufnehmen. Im Kreis von oben nach unten durch die mittlere senkrechte Perle der Rückreihe, durch die untere waagerechte Perle der letzten Hinreihe, den beiden neu aufgenommenen Perlen und die letzte senkrechte Perle der Rückreihe fädeln.

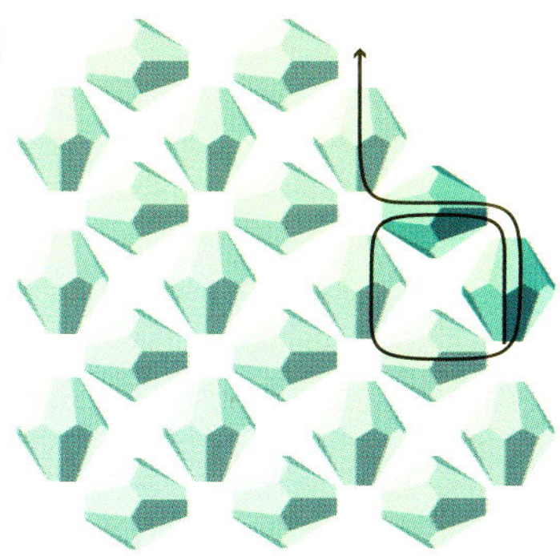

2 Perlen aufnehmen. Im Kreis von rechts nach links durch die untere waagerechte Perle der letzten Hinreihe, die obere senkrechte Perle der Rückreihe und die 1. neu aufgenommene Perle fädeln. Faden vernähen und abschneiden.

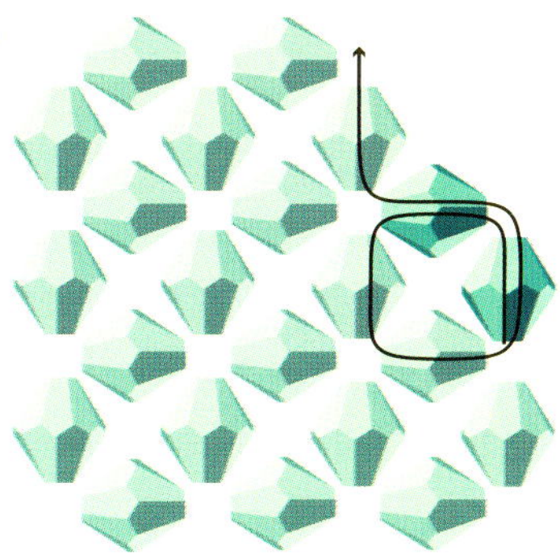

→

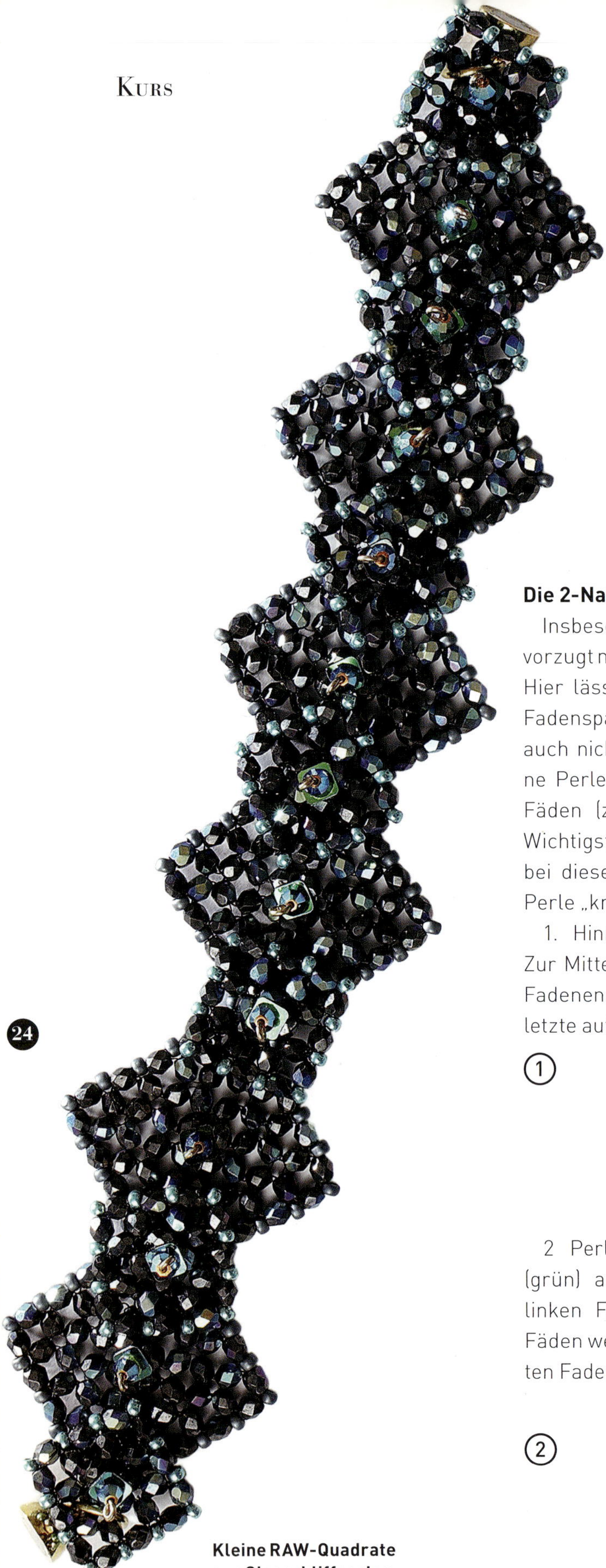

Kleine RAW-Quadrate aus Glasschliffperlen werden auf eine Basis aus Rauten aufgesetzt. Technik: 1-Nadel-RAW.

Die 2-Nadel-Technik

Insbesondere für Bicone-Perlen bevorzugt man die Arbeit mit zwei Nadeln. Hier lässt sich eine deutlich bessere Fadenspannung halten und man muss auch nicht so häufig durch die einzelne Perle hindurch, kann also dickere Fäden (z.B. Nylonschnüre) nehmen. Wichtigster Unterschied ist, dass man bei dieser Technik immer durch eine Perle „kreuzt".

1. Hinreihe: 4 Perlen aufnehmen. Zur Mitte des Fadens schieben. Beide Fadenenden kreuzen sich durch die letzte aufgenommene Perle.

① 

2 Perlen auf den rechten Faden (grün) aufnehmen. 1 Perle auf den linken Faden (gelb) aufnehmen. Die Fäden werden in der 2. Perle des rechten Fadens gekreuzt.

② 

3 Perlen auf den linken Faden (grün) aufnehmen. Beide Fäden werden durch die letzte aufgenommene Perle gekreuzt.

③ 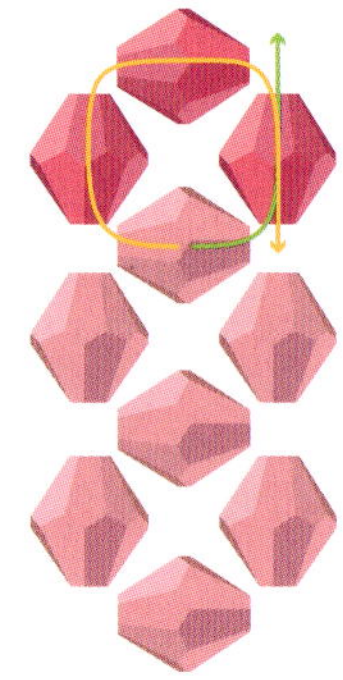

Wende zur 1. Rückreihe: 3 Perlen auf den oberen Faden (gelb) aufnehmen. Beide Fäden werden durch die letzte aufgenommene Perle gekreuzt.

④ 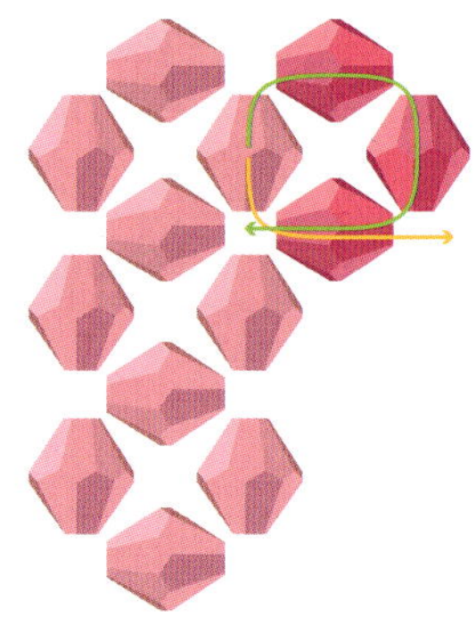

2 Perlen auf den rechten Faden (grün) aufnehmen. Den linken Faden (gelb) von oben nach unten durch eine senkrecht stehende Perle der Hinreihe fädeln. Beide Fäden werden durch die letzte aufgenommene Perle des rechten Fadens gekreuzt.

⑤ 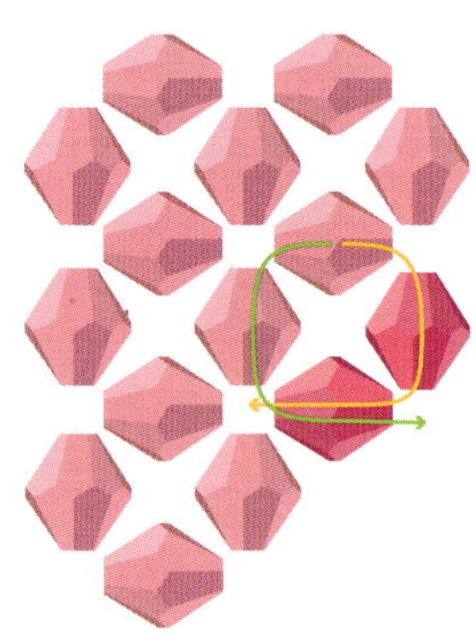

Den linken Faden (grün) von oben nach unten durch eine senkrecht stehende Perle der Hinreihe fädeln. 2 Perlen auf diesen Faden aufnehmen. Beide Fäden werden durch die letzte aufgenommene Perle des linken Fadens gekreuzt.

(6)

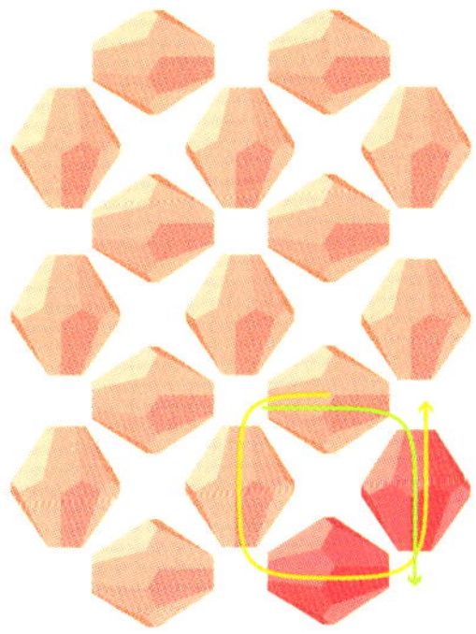

3 Perlen auf den unteren Faden (gelb) aufnehmen. Beide Fäden werden durch die letzte aufgenommene Perle des unteren Fadens gekreuzt.

(7)

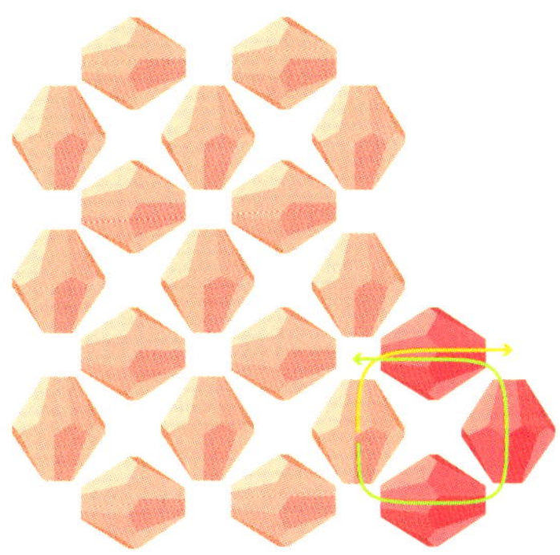

2 Perlen auf den rechten Faden (gelb) aufnehmen. Den linken Faden (grün) von unten nach oben durch eine senkrecht stehende Perle der Rückreihe fädeln. Beide Fäden werden durch die letzte aufgenommene Perle des rechten Fadens gekreuzt.

(8)

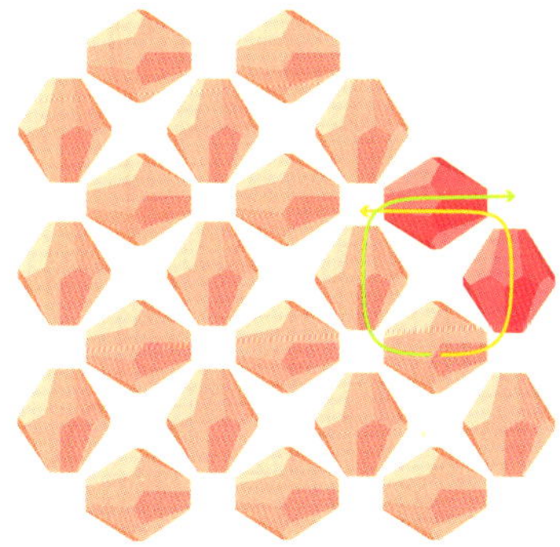

2 Perlen auf den rechten Faden (gelb) aufnehmen. Den linken Faden (grün) von unten nach oben durch eine senkrechtstehende Perle der Rückreihe fädeln. Beide Fäden werden durch die letzte aufgenommene Perle des rechten Fadens gekreuzt. Beide Fäden vernähen und abschneiden.

Birgit Bergemann

(9)

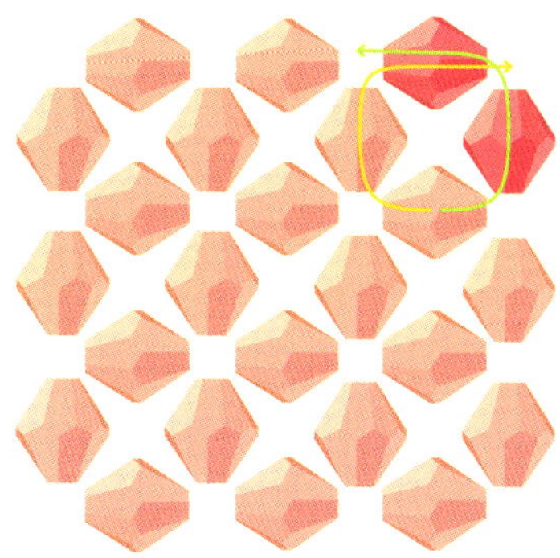

„Piaf"

Design von Muriel Samson, Frankreich

Dieses schwarz-silberne Armband in der 2-Nadel-RAW-Technik erinnert an stilisierte Blüten. Einfach schön.

Material

Länge 18 cm inkl. Verschluss

148	Crystal Bicones 4 mm schwarz; CB4-schw
2	runde Perlen 6 mm schwarz; P6-schw
25	runde Perlen 3 mm schwarz; P3-schw
5 g	Rocailles 11/0 silber – Roc11-s
1	Verschluss versilbert
	Faden C-Lon
2	Nadeln Stärke 12

①
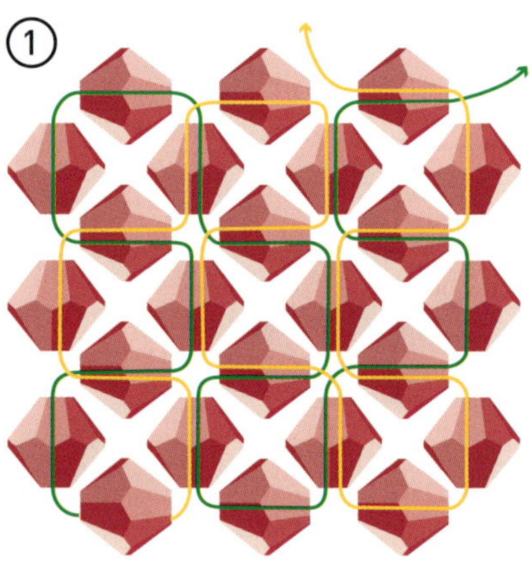

Grundplatte

1
Eine Grundplatte mit 24 CB4-schw auf folgende Weise zusammenfügen:

②
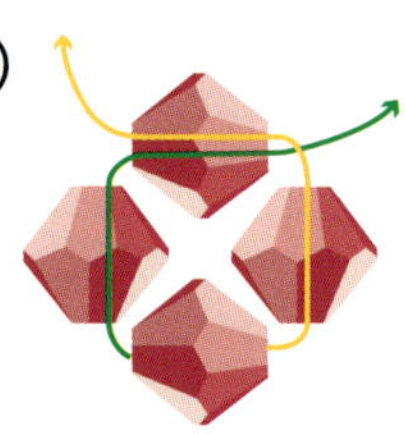

2
Einen ca. 1 m langen Nylonfaden verwenden. Jedes Fadenende wird in eine Nadel eingefädelt. 4 CB4-schw auf die Mitte des Fadens auffädeln und in der 4. CB4-schw die Fäden kreuzen.

③
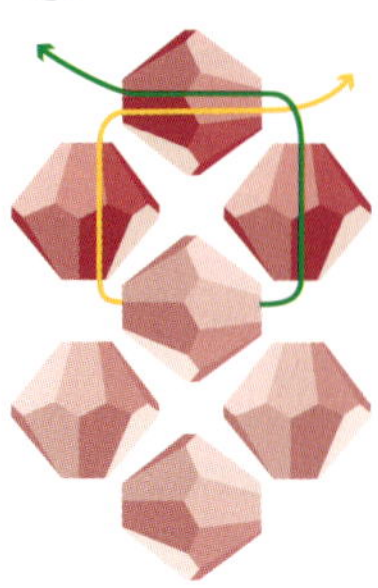

3
Auf den linken Faden (gelb) 2 CB4-schw aufnehmen. Auf den rechten Faden (grün) 1 CB4-schw aufnehmen, durch die 2. CB4-schw des linken Fadens kreuzen.

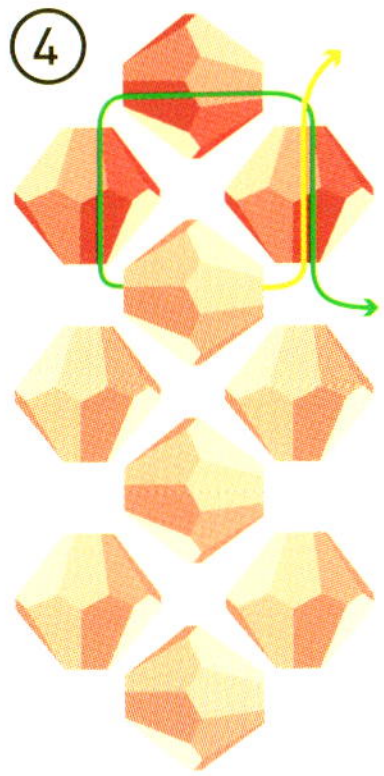

4
Auf den linken Faden (grün) 3 CB4-schw aufnehmen. Beide Fäden durch die 3. CB4-schw kreuzen.

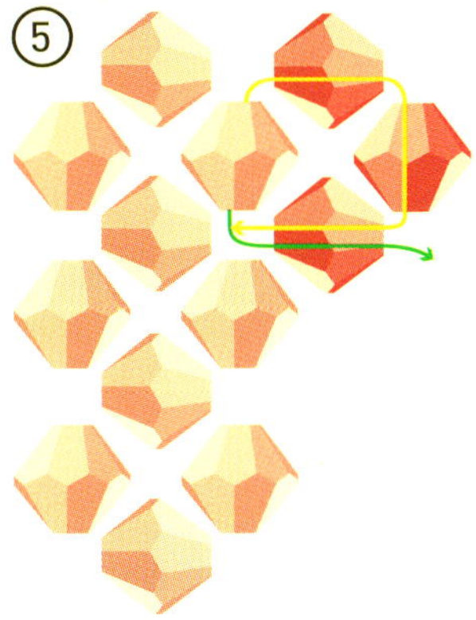

5
Auf den oberen Faden (gelb) 3 CB4-schw aufnehmen. Beide Fäden durch die 3. CB4-schw kreuzen.

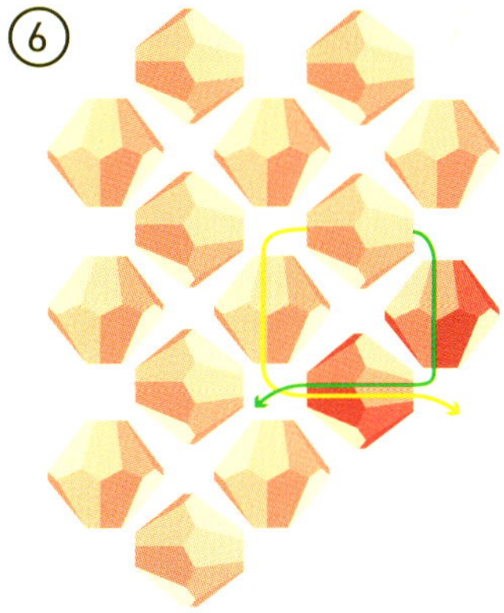

6
Auf den rechten Faden (grün) 2 CB4-schw aufnehmen. Mit dem linken Faden (gelb) durch 1 CB4-schw der Vorreihe nach unten fädeln. Beide Fäden durch die 2. CB4-schw kreuzen.

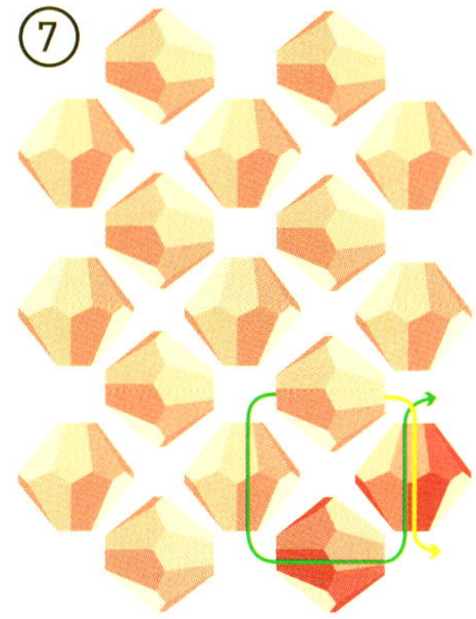

7
Mit dem linken Faden (grün) durch 1 CB4-schw der Vorreihe nach unten fädeln. Auf den linken Faden (grün) 2 CB4-schw aufnehmen. Beide Fäden durch die 2. CB4-schw kreuzen.

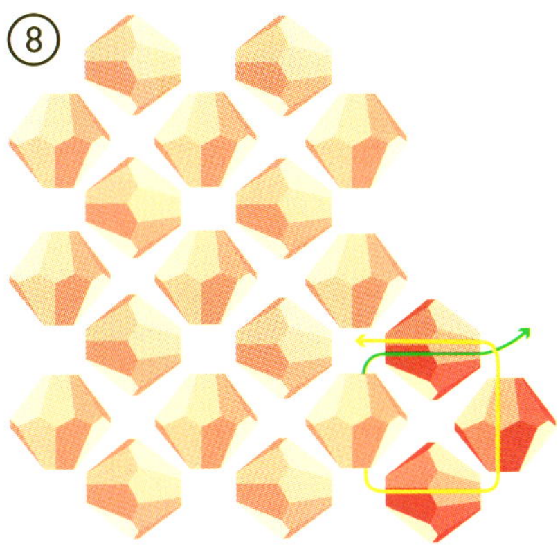

8
Auf den unteren Faden (gelb) 3 CB4-schw aufnehmen. Beide Fäden durch die 3. CB4-schw kreuzen.

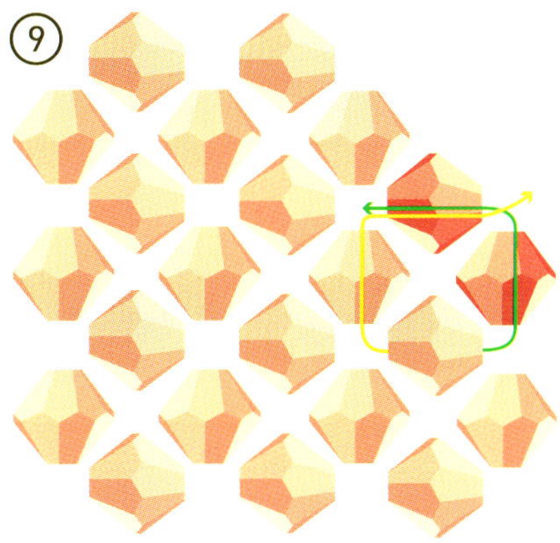

9
Mit dem linken Faden (gelb) durch 1 CB4-schw der Vorreihe nach oben fädeln. Auf den rechten Faden (grün) 2 CB4-schw aufnehmen. Beide Fäden durch die 2. CB4-schw kreuzen.

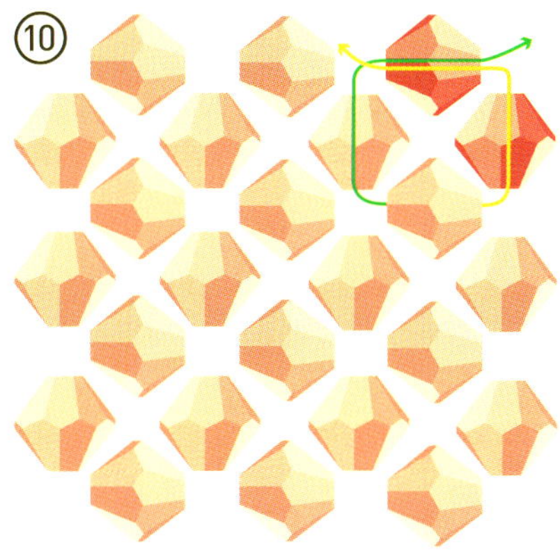

10
Mit dem linken Faden (grün) durch 1 CB4-schw der Vorreihe nach oben fädeln. Auf den rechten Faden (gelb) 2 CB4-schw aufnehmen. Beide Fäden durch die 2. CB4-schw kreuzen.

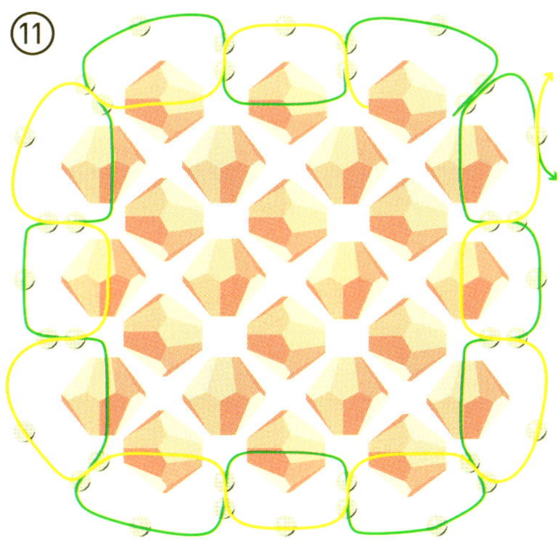

11
Auf den rechten Faden (gelb) 5 Roc11-s auffädeln. Beide Fäden durch die 2 letzten Roc11-s kreuzen. Den linken Faden (grün) durch 1 CB4-schw der Grundplatte fädeln. Auf den rechten Faden (gelb) 3 Roc11-s auffädeln. Beide Fäden durch die 2 letzten Roc11-s des rechten Fadens kreuzen. Dies wiederholen, bis die Grundplatte umfädelt ist. Es wird am Ende in einer Roc11-s gekreuzt. →

Anleitungen

Unsere Anleitungen sind geprüft und teilweise nachgefädelt.

Die Skala dient zur Orientierung des Zeitaufwandes, der Materialkosten und des Schwierigkeitsgrades. Natürlich kann hier der „individuelle Faktor" nicht berücksichtigt werden.

⑫

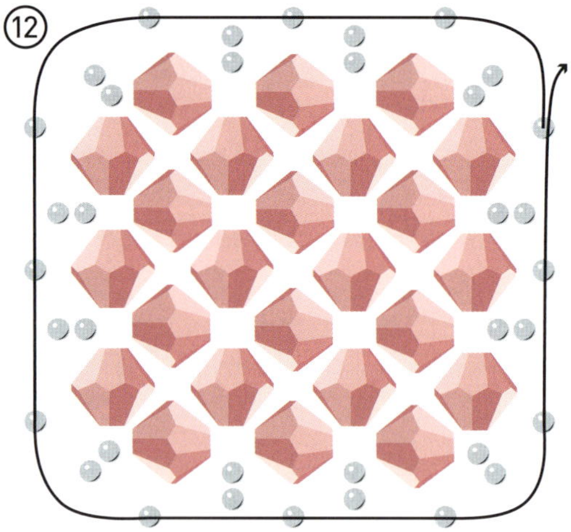

12
Die Grundplatte festigen, indem nochmals durch alle äußeren Roc11-s gefädelt wird, den Faden fest anziehen. Faden vernähen und abschneiden. Schritte 1 bis 11 5-mal wiederholen und dann wie in Schritt 12 beschrieben zusammenfügen.

Zusammenfügen untere Seite

13
1 P6-schw, 1 Roc11-s, 1 CB4-schw und 4 Roc11-s aufnehmen. Durch 2 äußere CB4-schw einer Grundplatte durchfädeln. 5 Roc11-s auffädeln. Wieder durch 2 CB4-schw derselben Grundplatte fädeln. 1 Roc11-s, 1 P3-schw, 1 Roc11-s, 1 P3-schw, 1 Roc11-s, 1 P3-schw, 1 Roc11-s auffädeln. Durch 2 äußere CB4-schw der nächsten Grundplatte durchfädeln. Die 6 Grundplatten auf die gleiche Weise zusammenfügen.

Zusammenfügen obere Seite

13
5 Roc11-s aufnehmen. Durch die zu Anfang aufgenommene P6-schw hindurchfädeln. 1 Roc11-s, 1 CB4-schw und 4 Roc11-s aufnehmen. Durch 2 äußere CB4-schw an der anderen Seite der ersten Grundplatte durchfädeln. 5 Roc11-s auffädeln. Wieder durch 2 CB4-schw derselben Grundplatte fädeln. 1 Roc11-s, 1 P3-schw, 1 Roc11-s auffädeln. Durch die mittlere P3-schw der ersten Seite fädeln. 1 Roc11-s, 1 P3-schw, 1 Roc11-s auffädeln. Durch 2 äußere CB4-schw auf der anderen Seite der nächsten Grundplatte durchfädeln. Die 6 Grundplatten auf die gleiche Weise zusammenfügen.

Die Fadenenden an beiden Seiten des Armbandes verknoten und vernähen. Faden abschneiden.

Die Biegeringe des Verschlusses werden in die Schlingen an den Enden des Armbandes eingehängt.

centperles.canalblog.com/

⑬

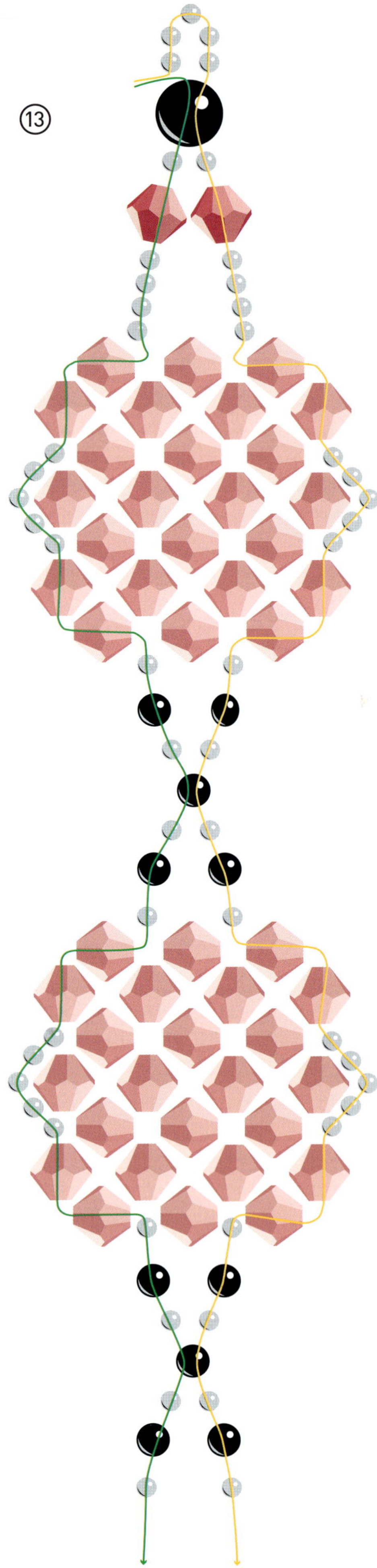

←

Perlenblüte „Hidden Depths“

Design von Lynn Firth, England

Zeit
Kosten
Grad

Das vielseitige Schmuckstück kann als Brosche oder an einer Halskette getragen werden. Fädeln Sie dafür eine Kette in Spiral Rope, Schlauch-Herringbone, Peyote oder Netztechnik.

Material

- 15 g Rocailles 11/0, Tr. Aqua/Fuchsia-Lined (#352) für die Blume; Roc11-fl
- 5 g Rocailles 11/0, Tr. Aqua/Purple-Lined (#358) für die Kontrastfarbe in der Blume; Roc11-pl
- 1 g Rocailles 15/0, Tr. Chartreuse (#143) für den Rand und als Kontrast zum Rivoli; Roc15-ch
- 15 g Rocailles 8/0, Tr. Chartreuse (#143) für die Blätter; Roc8-ch
- 5 g Rocailles 11/0, Tr. Chartreuse (#143) als Kontrast/Blätter; Roc11-ch
- 1 g Rocailles 11/0, Opak Olive/Grün-Gold-Lustre (#306) als Kontrast/Blätter; Roc11-og
- 1 Rivoli 14 mm, Vitrail Medium – R14
- synthetischer Faden, z.B. Fireline oder KO Beading Thread
- Nadeln Stärke 10 und 12

(1)

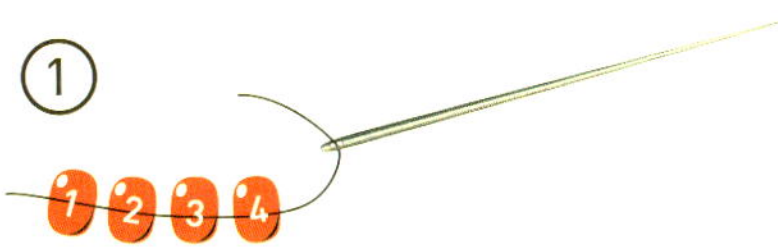

1
4 Roc11-fl auf einen langen Faden aufnehmen und bis ca. 15 cm an das Fadenende schieben.

(2)

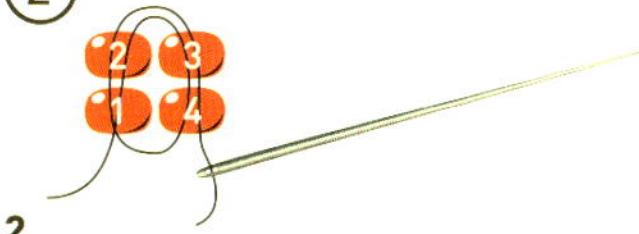

2
Perlen zum Kreis schließen und aus Perle 4 herausfädeln.

(3)

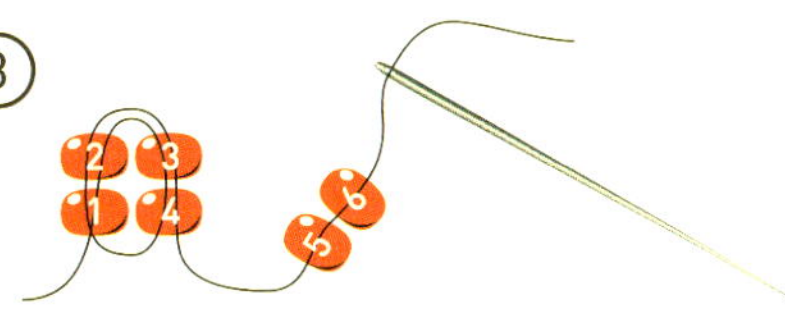

3
2 Roc11-fl aufnehmen und durch Perlen 3 und 4 fädeln.

(4)

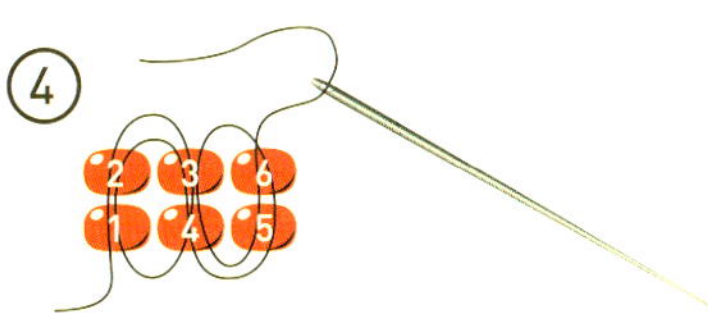

4
Weiter durch Perlen 5 und 6 fädeln. Den Leiterstich noch 3-mal wiederholen.

→

→ (5)

5
Die letzten beiden Perlen (11 und 12) mit Perlen 1 und 2 verbinden und aus Perle 2 herausfädeln.

(6)

6
Reihe 3: 2 Roc11-fl aufnehmen und durch die beiden Perlen 11 und 12 fädeln sowie aufwärts durch die folgenden beiden Perlen. In dieser Weise die Runde fädeln.

(7)

7
Mit dem letzten Stich der Runde aus der 1. gefädelten Perle (Reihe 3) herausfädeln = Aufschritt.

(8)

8
Wie in der 3. Reihe nun auch die 4. Reihe ebenso fädeln: 2 Roc11-fl aufnehmen, durch die folgende Perle der Vorrunde von oben nach unten und die übernächste von unten nach oben fädeln.

(9)

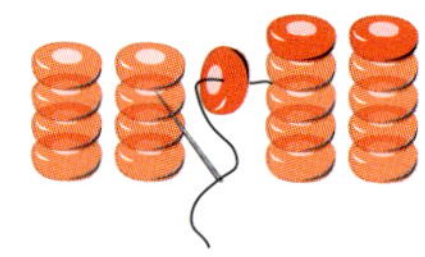

9
Zunahme 5. Reihe: Weiter im Herringbone-Stich, dabei zwischen jedem Perlenpaar 1 zusätzliche Roc11-fl einfädeln. Am Ende der Runde einen Aufschritt arbeiten.

(10)

10
Zunahme 6. Reihe: Weiter im Herringbone-Stich, dabei zwischen jedem Perlenpaar 2 zusätzliche Roc11-fl einfädeln.

(11)

11
Im Herringbone-Stich rundum mit Roc11-fl weiterfädeln. Aufschritt am Ende der Runde. Schritte 9, 10 und 11 wiederholen. Es liegen 6 Perlenpaare nebeneinander.

(12)

12
Mit Roc15-ch weiterfädeln, dabei je 4 Perlen aufnehmen und im Herringbone-Stich fädeln. Aufschritt am Ende der Runde.

(13)

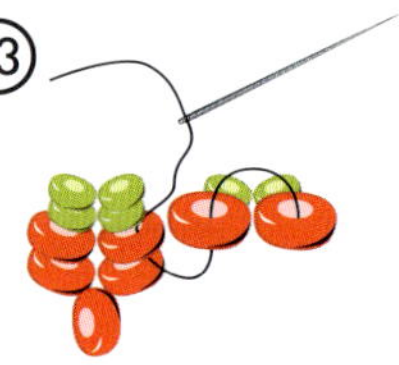

13
In Fädelrichtung nach unten durch die beiden linken Roc15-ch und 1 Roc11-fl darunter fädeln. Aufwärts durch die nächste Roc11-fl. Rundum mit Roc11-fl im Herringbone-Stich weiterfädeln, dabei nur durch die letzte Roc11-fl-Reihe fädeln, nicht durch die Roc15-ch, diese für den Moment „links" liegen lassen. Eine weitere Reihe in dieser Weise fädeln. Eine weitere Zunahme arbeiten. Dafür Schritte 9, 10 und 11 wiederholen.

(14)

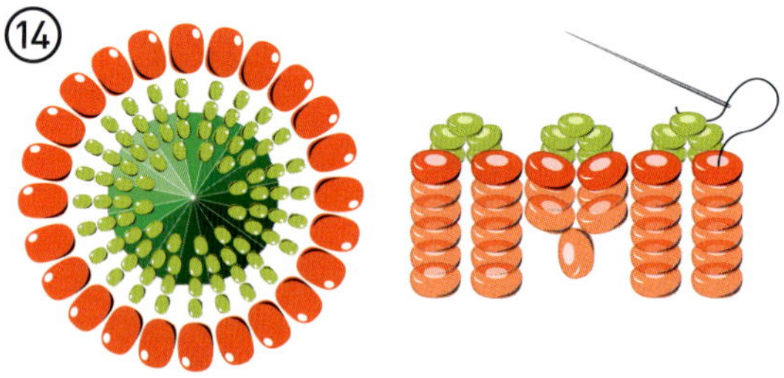

14
Nach dem Aufschritt nach unten bis zu den Roc15-ch fädeln und wieder aufwärts durch die nächsten Roc15-ch. Den Rivoli in die Mitte platzieren und mit Roc15-ch weiterfädeln, dabei jeweils immer mit 2 Perlen fädeln. Den Faden fest anziehen, damit sich die Perlen um den Rivoli zusammenziehen. Aufschritt nach der Runde. Falls der Rivoli nicht fest genug sitzt, kann an dieser Stelle noch eine zusätzliche Runde mit Roc15-ch im Herringbone-Stich gefädelt werden.
1 Roc15-ch aufnehmen und durch die nächsten Perlen nach unten fädeln, aufwärts daneben wieder durch die nächste Perle. Es wird immer nur 1 Roc15-ch aufgenommen. Es formt sich jeweils ein kleines Picot. Auf feste Fadenspannung achten.

(15)

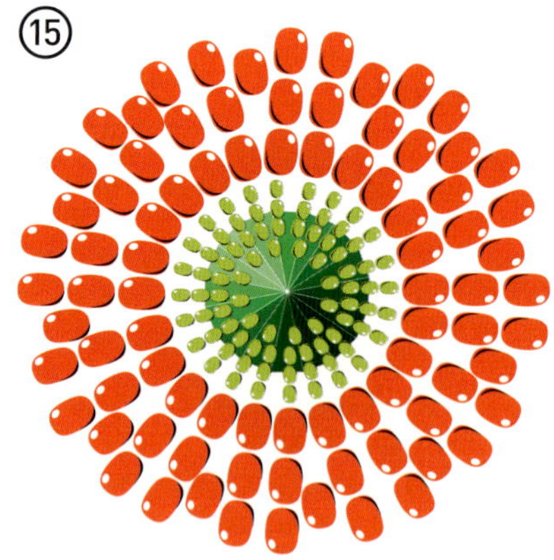

15
Zurück zu den Roc11-fl fädeln. Eine normale Runde Herringbone mit je 2 Roc11-fl fädeln. Es wird an der Außenseite der Roc15-ch entlanggefädelt. Nach dieser Runde beginnt die Zunahme. Wenn eine gerüschte Blüte gewünscht wird, dann die Schritte 9, 10 und 11 jetzt wiederholen und dabei mit der Kontrastfarbe Roc11-pl arbeiten. Alle Fäden vernähen und Enden abschneiden.

⑯
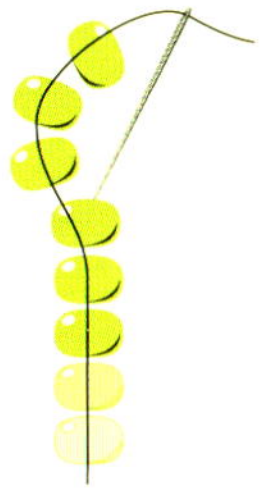

⑰

⑱
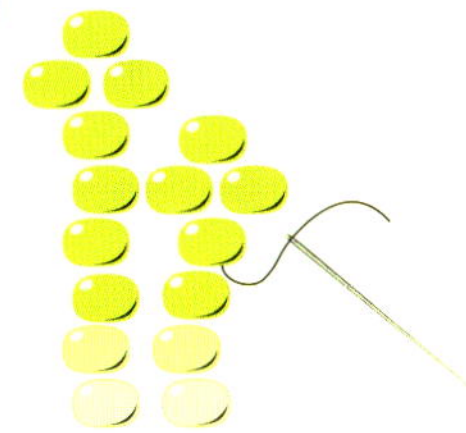

Blätter

16
Es werden 5 Blätter benötigt, die in Peyote mit einer Mischung aus Roc8-ch, Roc11-ch und Roc11-og gefädelt werden. 1 Stopperperle ca. 15 cm vor das Fadenende schieben und befestigen. 20 Roc8-ch aufnehmen. Falls größere Blätter gewünscht werden, können mehr und für kleinere weniger Perlen aufgenommen werden. Es muss immer eine gerade Anzahl von Perlen sein. Mit der Nadel zurück durch die 4. Perle.

17
Hier sehen Sie, dass ein kleines Picot geformt wurde.

18
In Peyote die Reihe bis zur Stopperperle ab- und wieder aufwärts bis zur letzten hochstehenden Perle unterhalb des Picots fädeln. 2 Roc8-ch aufnehmen und wieder in Fädelrichtung nach unten einen Picot fädeln. Die Reihe in Peyote beenden.

⑲
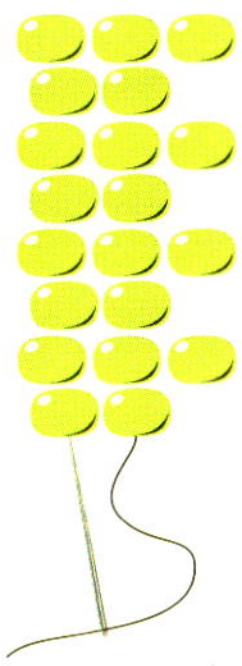

⑳
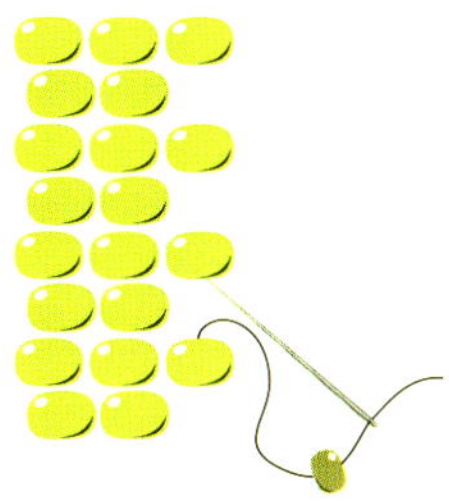

㉑

19
Den Faden innerhalb des Blattes fest vernähen, aus der rechten unteren Perle herausfädeln und durch die linke Perle nach oben fädeln. Schritt 18 auf der anderen Seite gegengleich wiederholen.

20
Weiter aus der hervorstehenden rechten Perle herausfädeln, 1 Roc11-ch aufnehmen und in Peyote noch 2-mal wiederholen. Die Farbtönungen werden erreicht, wenn Roc11-ch und Roc11-og verwendet werden. Die Reihe inklusive des 3. Picots wieder mit Roc8-ch beenden. Fädelrichtung wechseln. Wichtig ist eine starke Fadenspannung.

21
Mit Roc8-ch weiterfädeln und auf halber Höhe wieder zu den beiden Roc11-Kontrastfarben wechseln. Jedes Blatt sollte anders aussehen als das vorherige. Die Blattbreite wird nach Wunsch bestimmt, ebenso die Farbabstimmung mit den 3 verschiedenen Grüntönen. Stopperperle zuletzt entfernen, alle Fäden vernähen und Enden abschneiden.

22
Je öfter zwischen den beiden Perlengrößen gewechselt wird, desto mehr dreht und wellt sich das Blatt. Beim Fädeln immer auf feste Fadenspannung achten. 5 Blätter in verschiedenen Farbvariationen fädeln und die Anordnung der Roc11 wechseln.

23
Zum Zusammenfädeln mit dem Leiterstich die untersten 3 oder 4 Perlen eines jeden Blattes verwenden. Dies wird eine kleine Öffnung ergeben, in die der Stamm der Blüte eingesteckt und befestigt werden kann.

Tipp: Die Blüte kann als Brosche, Dekoration für ein Kleidungsstück oder als Halskette getragen werden. Für die Halskette eine Kette (Spiral Rope) fädeln. Um die Blüte zu befestigen, in Square Stitch 2 Röhren fädeln. Der Durchmesser der Röhren richtet sich nach dem Umfang der Spiral-Rope-Kette. Die beiden Röhren an der Rückseite der Blüte befestigen (s. kleines Bild auf Seite 27) und die Spiral-Rope-Kette durch die Röhren ziehen. Zu beiden Seiten kann nun die Spiral-Rope-Kette noch nach Wunsch mit zusätzlichen Blättern oder kleinen Akzentperlen bestückt werden. ←

„Vulkanausbruch"

Feurige Kette aus Lavawürfeln, Kristallkegeln und Rocailles in Orange-Rot-Tönen – nicht nur für einen Sommerabend!

Design von Marina Nadke, Deutschland

Material

je 5 g	Rocailles 11/0 bis 9/0 in 6 verschiedenen Orange- und Rottönen; Roc11-r1 bis Roc11-r6
10 g	Zylinderperlen 11/0, schwarz; ZP-s
10 g	3-Cuts, schwarz; C-s
3	Lavawürfel 18 mm; LW
6	Swarovski-Kristallwürfel 4 mm rot; KW4-r
10	Swarovski-Kristall-Bicones 4 mm, fireopal; KB4-fo
100	Swarovski Kristall-Bicones 3 mm, rot; KB3-r
100	Swarovski Kristall-Bicones 3 mm, orange; KB3-o
6 lb	Fireline
4	Schmuckdrähte, je 70 cm, Ø 0,38 mm
4	Quetschperlen 2 mm
4	Quetschkalotten
1	Verschluss
	Nadel

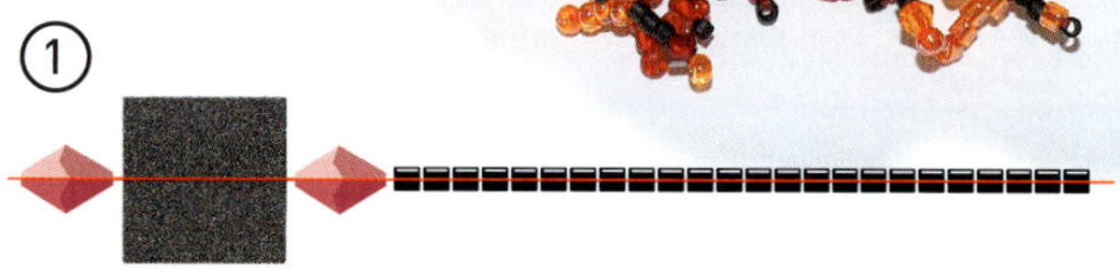

1
Eine komfortable Fadenlänge auf die Nadel fädeln. 1 KB4-fo, 1 LW, 1 KB4-fo und 24 ZP-s aufnehmen. Bis 20 cm vor das Fadenende schieben.

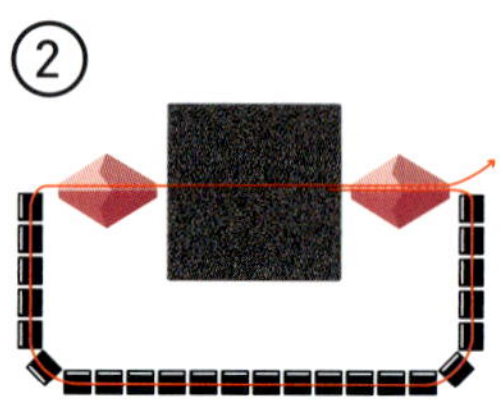

2
Erneut durch KB4-fo, LW und KB4-fo fädeln. Die ZP-s sollten den Würfel möglichst dicht zur Hälfte umschließen, evtl. die Anzahl der ZP-s anpassen. Diese halb den Würfel umschließende Reihe ist die Basisreihe.

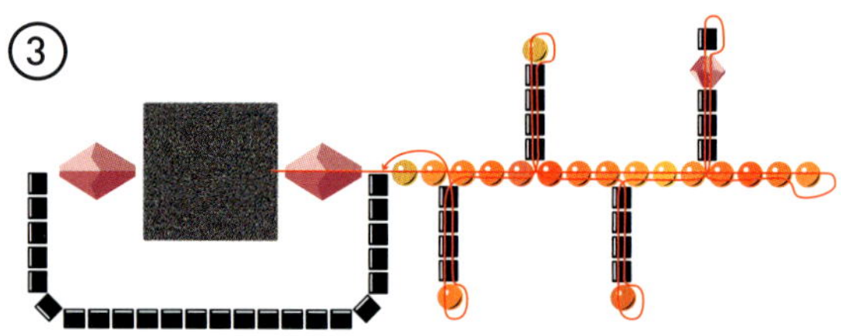

3
15 Roc11-r1 aufnehmen, durch die vorletzte und 3 weitere Roc11-r1 zurückfädeln. 3 ZP-s, 1 KB3-r und 1 ZP-s aufnehmen. Durch KB3-r, 3 ZP-s und 3 Roc11-r1 zurückfädeln. *4 ZP-s und 1 Roc11-r1 aufnehmen. Durch die ZP-s und 3 Roc11-r1 in Richtung Würfel zurückfädeln*. Von * bis * bis zur Basisreihe wiederholen.

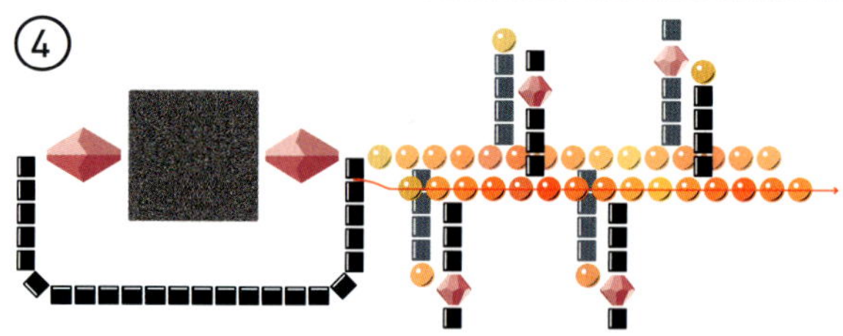

4
Durch 1 ZP-s der Basisreihe fädeln. 16 Roc11-r2 aufnehmen. Durch die vorletzte und 3 weitere Roc11-r2 zurückfädeln. 4 ZP-s und 1 Roc11-r2 aufnehmen. Durch die 4 ZP-s und 3 Roc11-r2 in Richtung Würfel zurückfädeln. *3 ZP-s, 1 KB3-o und 1 ZP-s aufnehmen*. Durch KB3-o, die 3 ZP-s und 3 Roc11-r2 in Richtung Würfel zurückfädeln. Von * bis * bis zur Basisreihe wiederholen. In Reihen mit roten Rocailles werden die orangefarbenen Kristallkegel und in orangefarbenen Reihen die roten Kristallkegel verarbeitet. Schritt 3 und 4 abwechselnd bis zur Mitte der Basisreihe wiederholen, dabei jeweils 1 Rocaille mehr aufnehmen. Die Farben von 1 bis 6 wechseln, danach wieder mit Farbe 1 beginnen. Im gleichen Farbwechsel weiterarbeiten. Pro Reihe 1 Rocaille abnehmen, bis wieder mit 15 Rocailles vor dem Kristallkegel geendet wird. Faden vernähen und abschneiden. 2 weitere Lavawürfel wie in Punkt 1 bis 4 beschrieben arbeiten.

→

Zeit Kosten Grad

(5)

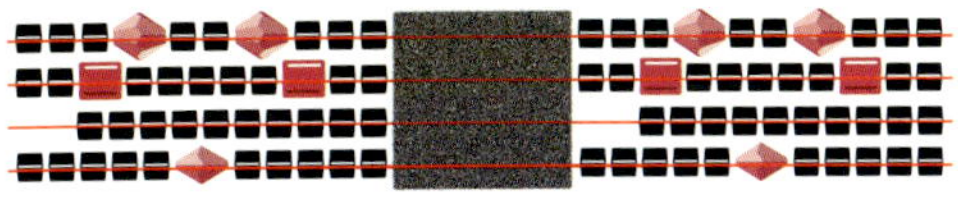

(6)

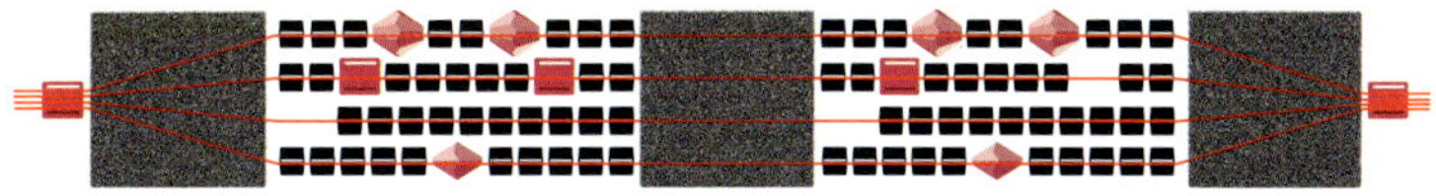

5
4 ca. 65 cm lange Schmuckdrähte zuschneiden. 1 Lavawürfel in die Mitte aller Drähte schieben. Auf jede Seite des Würfels wie folgt fädeln:
Draht 1: 5 C-s, 1 KB3-o und 5 C-s.
Draht 2: 10 C-s.
Draht 3: 2 C-s, 1 KW4-r, 5 C-s, 1 KW4-r und 2 C-s.
Draht 4: 3 C-s, 1 KB3-r, 2 C-s, 1 KB3-r und 3 C-s.

6
Über alle Drähte links und rechts je 1 Lavawürfel und je 1 KW4-r fädeln. 3 Drahtenden links und rechts mit Klebeband absichern. Mit einem Draht weiterarbeiten, bis die gewünschte Länge erreicht ist. Dazu nach dem Zufallsprinzip zwischen 3 und 10 C-s, 1 Roc11 in einer der 6 Farben oder 1 KB3 oder KB4 aufnehmen. So mit den anderen Drähten ebenfalls verfahren.

7
Wenn auf allen Drähten die gewünschte Länge erreicht ist, eine Seite komplett stilllegen. Auf der anderen Seite 2 Drähte durch 1 Quetschkalotte ziehen, 1 Quetschperle auffädeln, diese quetschen und den überstehenden Draht abschneiden. Die Quetschkalotte zusammendrücken. In die Öse der Kalotte eine Hälfte des Verschlusses anbringen. Mit den anderen 2 Drähten auf die gleiche Weise verfahren. Die andere Seite der Kette gegengleich arbeiten und fertigstellen.

www.marina-original.de ←

Eingesehen:

Crystal Brilliance
von Anna Elizabeth Draeger
96 Seiten, Englisch,
ISBN 978-0871162953,
Kalmbach Publishing

Funkelnde Farbnuancen von CRYSTALLIZED™ Swarovski Elements finden Sie in 26 detaillierten Anleitungen. A. E. Draeger spielt mit dem Glanz und der Romantik der Kristallglasperlen. Viele beliebte Techniken setzt die Autorin perfekt in Szene.

Beadwork Treasures
von Gillian Lamb
64 Seiten, Englisch,
ISBN 978-0955167768,
Gillian Lamb Publishing

Die Autorin stellt 16 verschiedene Anleitungen in Text, Fotos und Grafiken vor. Ob Ogalala Lace Bracelet oder Marhaba Necklace – Anfänger und Fortgeschrittene werden angeregt, eigene Ideen umzusetzen.

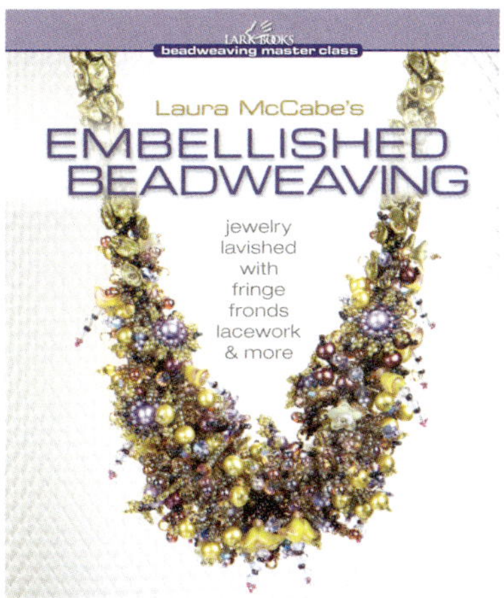

Laura McCabe's
Embellished Beadweaving
von Laura McCabe
144 Seiten, Englisch,
ISBN 978-160059514, Lark

Aufwendige Perlenarbeiten – berauschend schöne Schmuckstücke aus traditionellen Techniken und modernen Materialien. Die 18 opulenten Arbeiten sind mit Motiven aus Natur, Art Nouveau sowie geometrischen Formen reich bestückt.

Zu gewinnen:

Diese Bücher werden je 1-mal unter unseren Lesern verlost. Bitte senden Sie uns eine Postkarte mit dem gewünschten Buchtitel als Stichwort und schreiben Sie uns, mit welcher Technik Sie am liebsten arbeiten. Einsendungen bis zum 30.07.2010 an:
(Einsendungen per Mail können leider nicht berücksichtigt werden)

Beaders Best Verlag,
Andrea Ott,
Elsässer Str. 11,
23564 Lübeck.

„Turquoise Pom-Pom-Bead“

Design von Eva Maria Keiser, Idaho/USA

Was für ein Hingucker! Gearbeitet in Peyote-Technik und RAW.

Länge, geschlossen, ohne Anhänger: ca. 36 cm. Der Pom-Pom ist mit einem S-Haken eingehängt und hat einen Ø von ca. 5 cm. Länge, geschlossen, über alles: 45 cm.

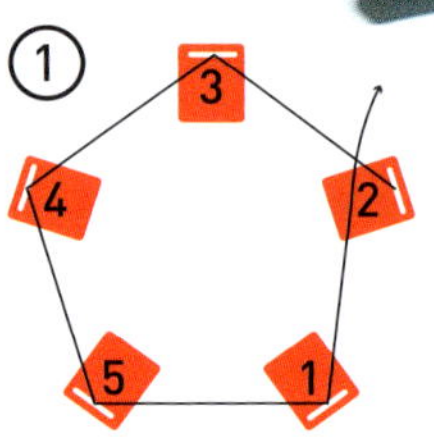

1
5 ZP-r mit einer 10er-Nadel auf einen ca. 65 cm langen Faden fädeln und bis ca. 15 cm vor das Fadenende schieben. Perlen zum Kreis schließen und ein 2. Mal hindurchfädeln. Aus Perle 2 herauskommen. Faden nicht verknoten oder verkleben. Mit gemäßigter Fadenspannung arbeiten und darauf achten, dass die Perlen gleichmäßig im Kreis verteilt sind.

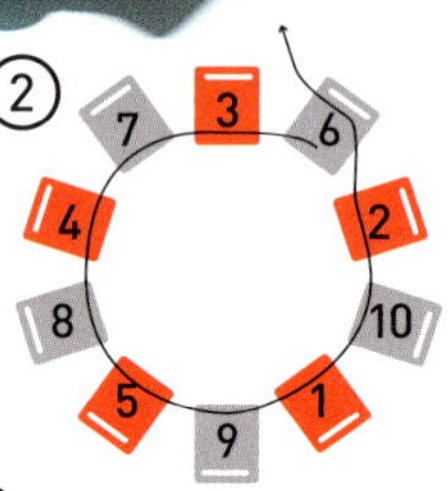

2
Zwischen jede Perle der 1. Runde je 1 ZP-w fädeln. Aufschritt nach jeder Reihe beachten! Aus Perle 6 herauskommen (Zunahme von 5 Perlen).

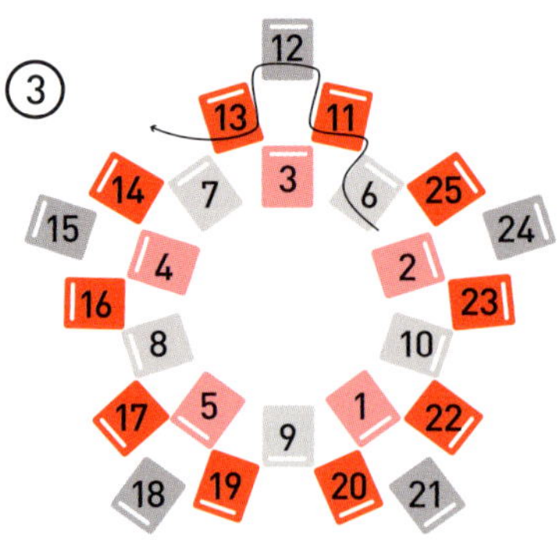

3
1 ZP-r, 1 ZP-w und 1 ZP-r zwischen jede Perle aus der 2. Runde fädeln. Aufschritt durch die Perlen 11, 12 und 13 (Zunahme von 15 Perlen).

Material

Pom-Pom-Bead

7,5 g	Rocailles 15/0 (seedbeads rund), silver plated oder platinum; Roc15-s
4 g	Rocailles 11/0 (seedbeads rund), opaque ivory Luster (#421B); Roc11-i
15 g	Zylinderperlen 11/0, opaque brick red (#DB0654); ZP-r
7,5 g	Zylinderperlen 11/0, ceylon white pearl (#DB0201); ZP-w
72	Glasschliffperlen 3 mm, fire polish, silver galvanisiert; GS3-s
12	Xillon Rose flat back 7,2 mm, crystal rhinestone
120-144	Türkissplitter 7,3–10,5 mm, Farbmischung von hellem Blau bis Dunkelgrün
1	Holzperle 25 mm
1	Wechselstab 28 mm, silber
	geflochtener Faden Stärke 0,006 (Fireline, Power Pro)
	Nadeln Stärke 10 und 12

Kette

7,5 g	Zylinderperlen 11/0, 24 kt dark white gold; ZP-g
232	Türkisperlen 3 mm, türkis; TP3-t
216	Kristallschliffperlen 3 mm, Doppelkegel crystal clear; KS3-c
112	Glasschliffperlen 4 mm, facettiert, fire polish, silver galvanisiert; GS4-s
2	Metallzwischenteile 9x3 mm, Röhrchen silber
1	Toggle-Verschluss 16 mm, silber
1	S-Haken mit 7-mm-Ring 26x10 mm, antique silber

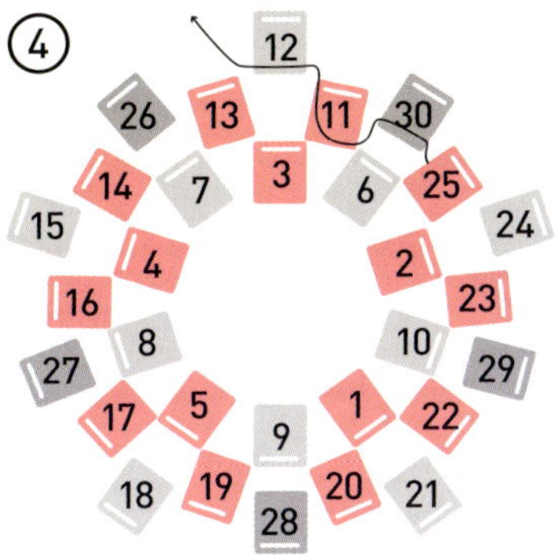

4
Zwischen jede 3er-Perlengruppe aus der 3. Reihe 1 ZP-w fädeln. Aufschritt durch die Perlen 11 und 12 (Zunahme von 5 Perlen).

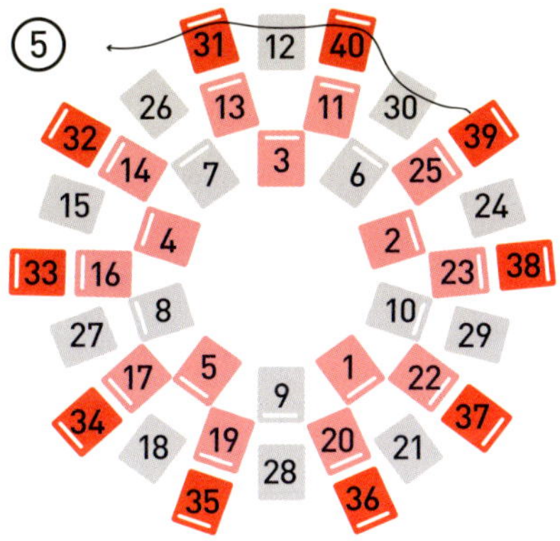

5
Zwischen jede eingearbeitete Perle aus der 4. Reihe je 1 ZP-r fädeln. Aufschritt durch Perle 12. Aus Perle 31 herauskommen (Zunahme von 10 Perlen).

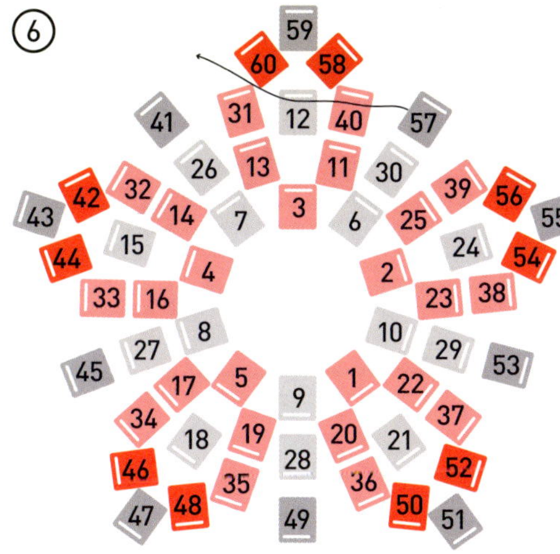

6
Abwechselnd zwischen die Perlen aus der 5. Reihe einmal je 1 ZP-w und einmal je 1 ZP-r, 1 ZP-w, 1 ZP-r fädeln. Fortlaufend bis zum Ende der Runde wiederholen. Nach unten stechen durch Perle 40. Aus Perle 12 herauskommen (Zunahme von 20 Perlen). **Hinweis:** Wenn die normale ungeschmückte Perle gefädelt wird, Fadenenden hier vernähen und Enden abschneiden. 12 Teile insgesamt herstellen. Dann weiter bei: Zusammenfügen der Teile (Abb. 13–20). Wenn Sie die Kugel im Original nachfädeln möchten, geht es weiter mit Schritt 8.

Fünfeck

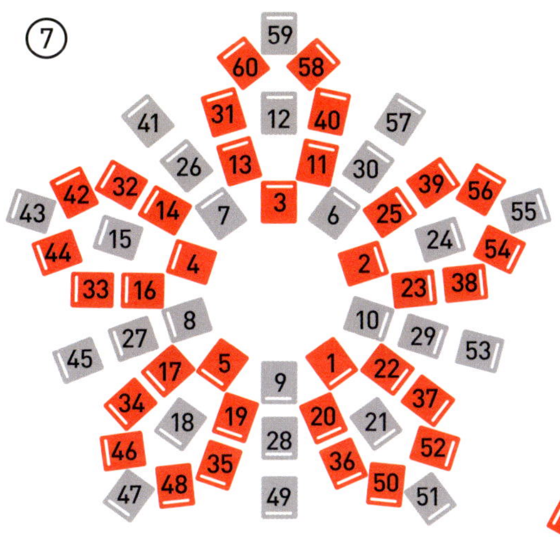

7
Basis des Fünfecks, Schritte 1–6.

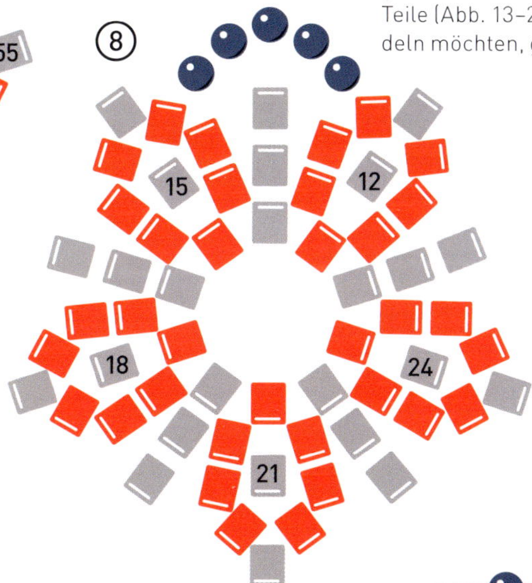

8
Ab hier Nadel Stärke 12 verwenden, falls vorher eine andere Nadelgröße benutzt wurde. Aus Perle Nr. 12 kommen, 5 Roc15-s aufnehmen und durch Perle Nr. 15 fädeln. 5 Roc15-s aufnehmen und durch Perle Nr. 18 fädeln. 5 Roc15-s aufnehmen und durch Perle Nr. 21 fädeln. 5 Roc15-s aufnehmen und durch Perle Nr. 24 fädeln. 5 Roc15-s aufnehmen und durch Perle Nr. 12 fädeln (Zunahme von 25 Perlen).

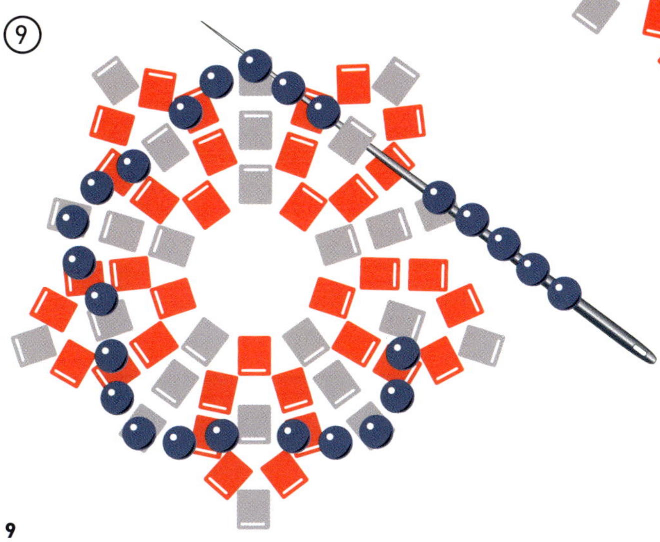

9
Durch 3 Roc15-s der Vorreihe fädeln; hier auf festere Fadenspannung achten. Die Mittelperle der 5er-Gruppen positionieren.

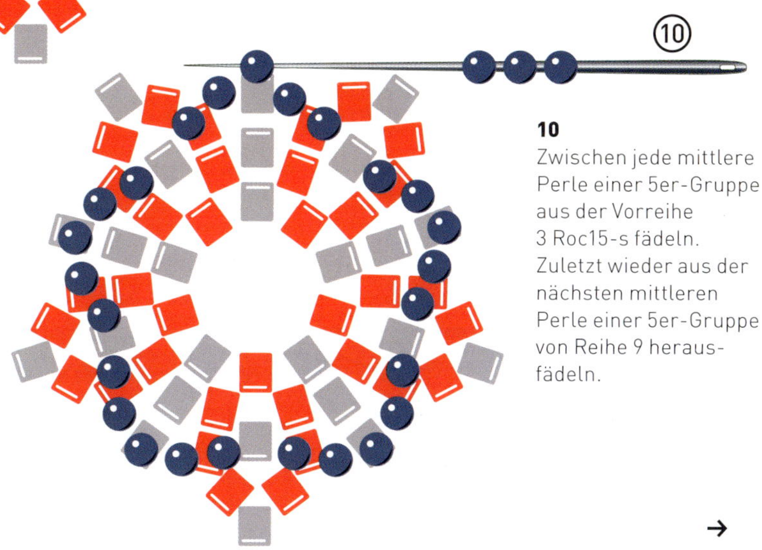

10
Zwischen jede mittlere Perle einer 5er-Gruppe aus der Vorreihe 3 Roc15-s fädeln. Zuletzt wieder aus der nächsten mittleren Perle einer 5er-Gruppe von Reihe 9 herausfädeln.

→

→

⑪

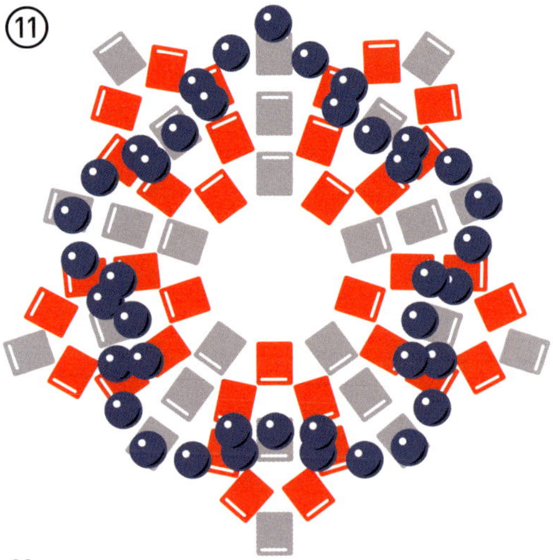

⑫

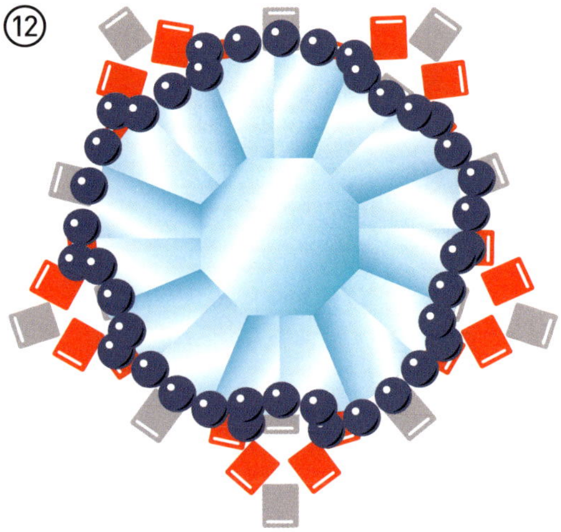

11
1 Xillon-Perle in diesen Perlenkranz einlegen. Faden vorsichtig fest anziehen. Der Perlenkranz zieht sich um die mittig eingesetzte Perle zusammen.
Tipp: Vorab ein kleines Stück doppelseitiges Klebeband auf die Rückseite der Xillon-Perle befestigen.

12
Ein 2. Mal komplett durch den Perlenkranz fädeln, eventuell auch ein 3. Mal. Den Faden innerhalb des Fünfecks sorgfältig verstechen. Fadenenden abschneiden. Insgesamt 12 Teile herstellen.

Zusammenfügen der Perlenteile

⑬

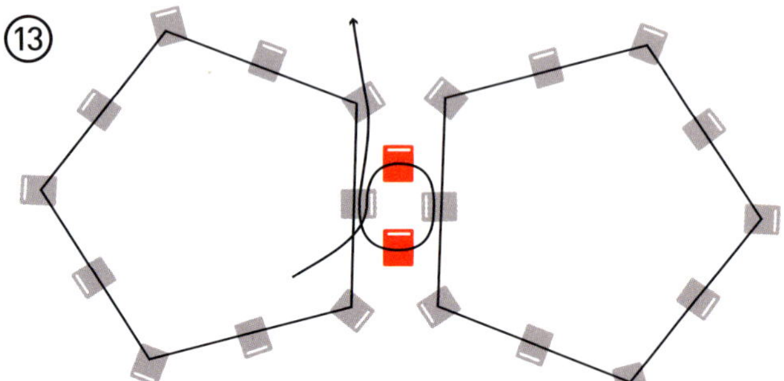

13
1 Stopperperle auf einen ca. 1 m langen Faden fädeln und 15 cm vor dem Fadenende befestigen. 2 Fünfeck-Teile mit den Schenkeln aneinanderlegen. *Durch die mittlere ZP-w des 1. Fünfeckteils fädeln, 1 ZP-r aufnehmen und gegenüber durch die mittlere ZP-w des 2. Perlenteils fädeln. 1 ZP-r aufnehmen und wieder durch die mittlere ZP-w des 1. Teils fädeln. Durch 2 Randperlen des 1. Perlenteils fädeln und aus der Spitze des Fünfecks herausstechen.
Hinweis: Die Fadenspannung moderat halten. Nachdem die Teile fertig gestellt sind, ist der Faden nicht mehr sichtbar.

⑭

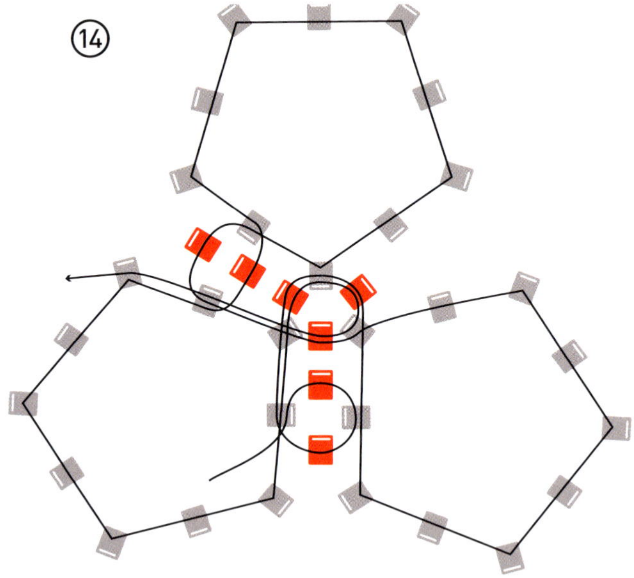

14
Ein 3. Fünfeckteil anlegen. 1 ZP-r aufnehmen, durch die Spitze des 3. Fünfecks fädeln. 1 ZP-r aufnehmen und durch die Spitze des 2. Fünfecks fädeln. 1 ZP-r aufnehmen und erneut durch die Spitze des 1. Fünfecks fädeln. Weiter durch 3 Randperlen des 1. Fünfecks fädeln. Schritt 13 ab * wiederholen.
Hinweis: Die Fadenspannung moderat halten. Teile nicht durch zu feste Fadenspannung zusammenziehen.

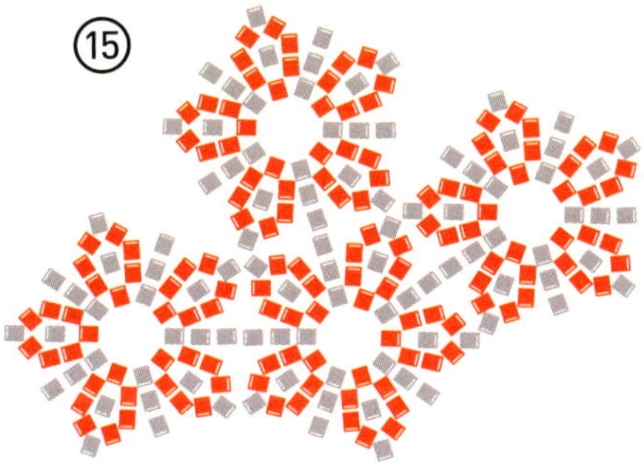

15
Das 4. Teil ebenso befestigen.

16
Befestigung Teil 5.

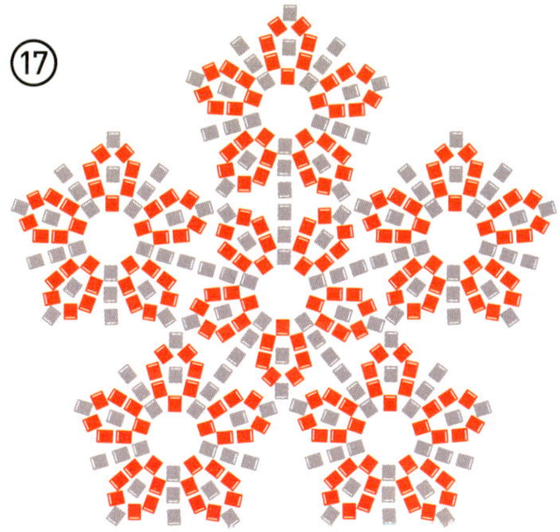

17
Befestigung Teil 6.

18
Schritt 13–17 wiederholen. 2 Kugelhälften sind fertiggestellt.

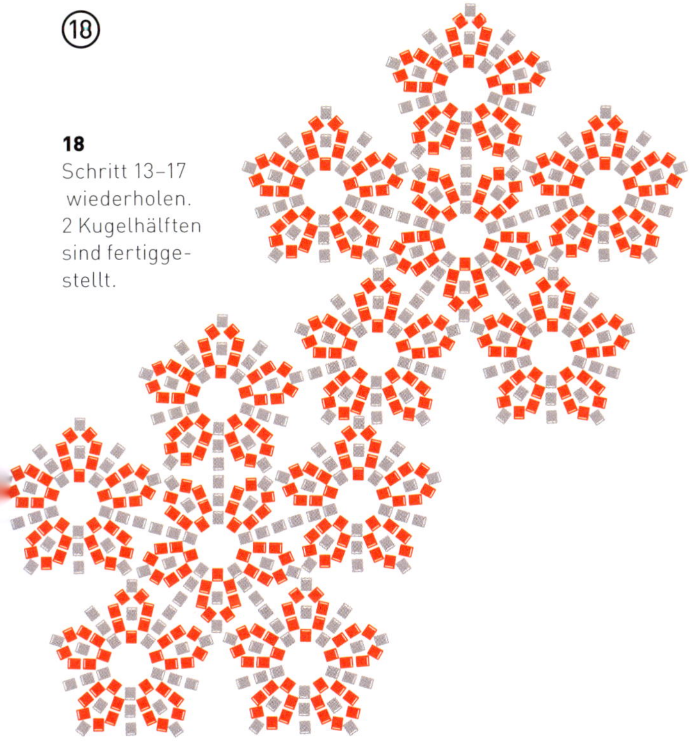

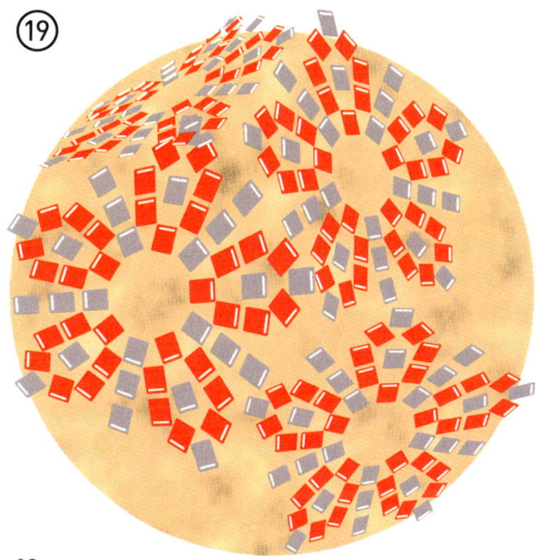

19
Beide Kugelhälften auf der Holzperle platzieren. Eventuell mit je einem kleinen Stück doppelseitigem Klebeband „anheften". Den Wechselstab probeweise in der Holzperle verschrauben, um die richtige Länge sicherzustellen. Wechselstab wieder herausnehmen. Beide Kugelhälften miteinander verbinden. Fadenenden sorgfältig vernähen und abschneiden.

Fertigstellung
Wechselstab in der umperlten Perle verschrauben. 1 Stopperperle auf einen ca. 1 m langen Faden fädeln und 15 cm vor dem Fadenende befestigen.

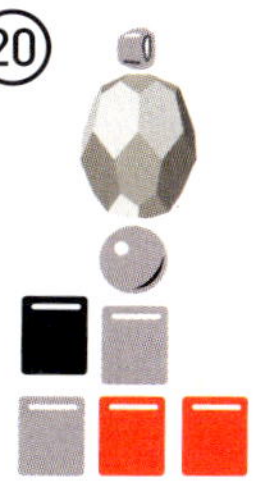

20
Durch 1 ZP-w an der Fünfeckseite fädeln. *1 Roc11-i, 1 GS3-s und 1 Roc15-s auffädeln. Zurück durch GS3-s und Roc11-i fädeln. Auf feste Fadenspannung achten. Im Kreis durch die ZP-w fädeln. Durch 2 ZP-r des Fünfecks fädeln und bei der nächsten ZP-w herausfädeln.

21
1 Roc11-i, 1 Türkissplitter und 1 Roc15-s aufnehmen und zurück durch den Türkissplitter und Roc11-i fädeln. Im Kreis durch die ZP-w fädeln. Durch 2 ZP-r bis zur nächsten ZP-w fädeln und ab * um die ganze umperlte Perle herum Schritte 20 und 21 wiederholen.

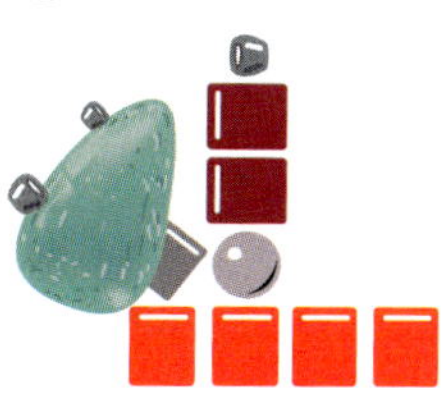

22
**Aus einer ZP-r am seitlichen Fünfeckrand herausfädeln und 1 Roc11-i, 2 ZP-r und 1 Roc15-s aufnehmen. Zurück durch 2 ZP-r und Roc11-i. Im Kreis durch die ZP-r fädeln. Weiter durch 2 ZP-r und an der nächsten freien Perle herausfädeln. Ab ** zwischen allen vorherigen Perlenbestickungen wiederholen. Je voller die Basisperle besetzt wird, desto opulenter ihr Erscheinungsbild.

→

Halskette

Die Halskette der Pom-Pom-Bead besteht aus 2 Teilen. Je 1 Nadel, Stärke 10, an jedes Ende eines ca. 3,65 m langen Fadens fädeln und die Fadenenden jeweils ca. 15 cm herausziehen.

(23)

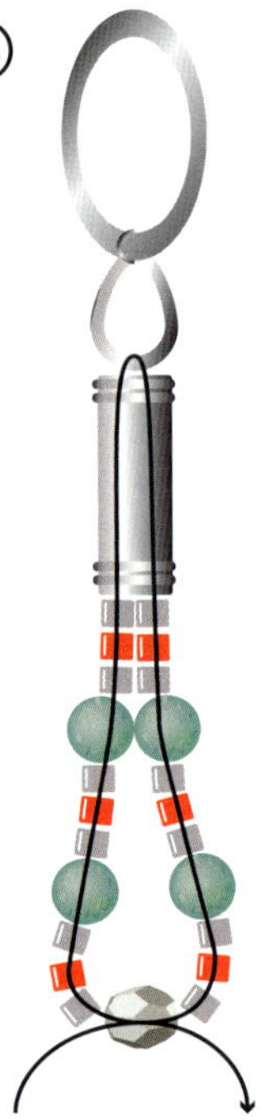

(24)

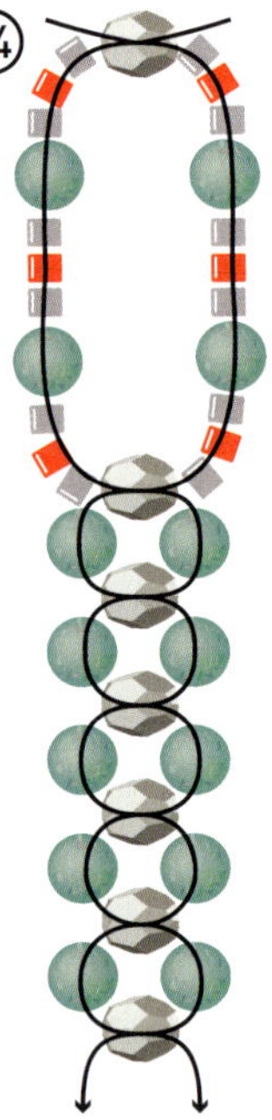

23
Auf moderate Fadenspannung achten. Den Ring des Toggle-Verschlusses mittig auf den Faden ziehen. Mit beiden Nadeln durch das Metallzwischenteil fädeln. Auf jeden der beiden Fäden wie folgt auffädeln: 1 ZP-g, 1 ZP-r, 1 ZP-g, 1 P3-t, 1 ZP-g, 1 ZP-r, 1 ZP-g, 1 P3-t, 1 ZP-g, 1 ZP-r und 1 ZP-g. Durch 1 GS4-s kreuzen.
Hinweis: Darauf achten, dass sich keiner der beiden Fäden verheddert.

24
Auf jeden der beiden Fäden wie folgt auffädeln: 1 ZP-g, 1 ZP-r, 1 ZP-g, 1 P3–t, 1 ZP11-g, 1 ZP-r, 1 ZP-g, 1 P3-t, 1 ZP-g, 1 ZP-r und 1 ZP-g. Durch 1 GS4-s kreuzen. Weiter in RAW: Auf jeden Faden je 1 P3-t aufnehmen und durch 1 GS4-s kreuzen. Insgesamt 53-mal wiederholen. Bei der richtigen Fadenspannung fügen sich die P3-t exakt zwischen die GS4-s ein.

(25)

25
Auf jeden Faden 1 P3-t, 1 ZP-g, 1 ZP-r und 1 ZP-g fädeln. Mit beiden Nadeln durch 1 GS4-s und durch den Ring des S-Hakens und zurück durch die GS4-s fädeln. Weiter mit jeder Nadel einzeln durch die zuvor aufgenommenen ZP-g, ZP-r und ZP-g und P3-t hindurchfädeln. Rechts und links aus der oberen GS4-s herausfädeln. Ein 2. Mal auf die gleiche Weise die Perlen und den Ring durchfädeln.

(26)

26
Hinweis: Der Ring bildet die Mitte der Kette, wo mit dem S-Haken die Pom-Pom-Bead befestigt wird.

(27)

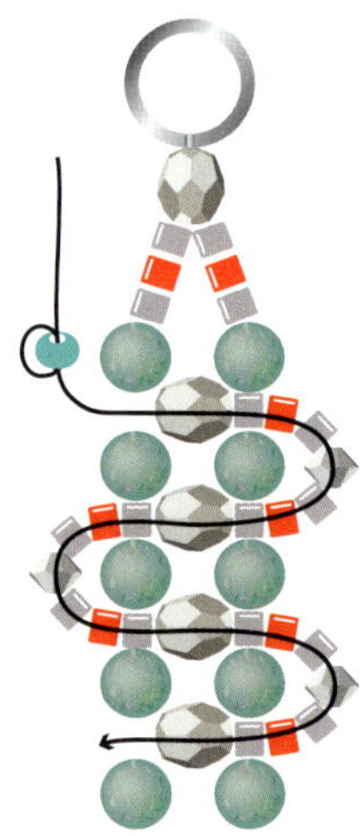

27
Am linken Faden 1 Stopperperle befestigen, bis die Fädelarbeit an der rechten Seite fertiggestellt ist. Auf den rechten Faden wie folgt auffädeln: *1 ZP-g, 1 ZP-r, 1 ZP-g, 1 KS3-c, 1 ZP-g, 1 ZP-r und 1 ZP-g. Um die folgende P3-t herum durch die GS4-s fädeln.*
Beachten: Nicht durch den ersten gefädelten Faden stechen.
Von * bis * fortlaufend wiederholen. Auf feste Fadenspannung achten. Aus der 1. GS4-s herausfädeln.

(28)

28
Linke Seite: Stopperperle entfernen. Auf diesen Faden wie folgt fädeln: *1 ZP-g, 1 ZP-r, 1 ZP-g, 1 KS3-c und 1 ZP-g. Durch die ZP-r, ZP-g, GS4-s, ZP-g und ZP-r fädeln.
Unser Tipp: Um die Perlen zu sichern, im Kreis nochmals alle Perlen durchfädeln und an der ZP-r wieder herausstechen. Dies stets nach 6 Sektionen wiederholen.
Ab * bis zur vorletzten GS4-s wiederholen. Dann 1 ZP-g, 1 KS3-c, 1 ZP-g, 1 ZP-r und 1 ZP-g aufnehmen und durch die letzte GS4-s fädeln. Mit beiden Fäden durch alle weiteren Perlen und den Toggle-Verschluss fädeln, wieder zurück durch die Perlen und alle Fäden sorgfältig verstechen. Fadenenden abschneiden.
Auf die gleiche Weise ein 2. Kettenteil arbeiten. Mit dem Toggle beginnen und am Ende ebenfalls durch den Ring des S-Hakens fädeln.

Länge: 4-5 cm

„Draping Drop“-Ohrringe

Design von Smadar Grossman, Israel

Die Ohrringe sind schnell hergestellt. Ideal für den Einsteiger, der die RWA-Technik noch nicht ausprobiert hat.

Tipp

Dieses Design kann ebenfalls als Kettenanhänger gefertigt werden. Hierzu eine Öse an dem ersten Perlenkreis befestigen und auf eine Kette aufziehen.

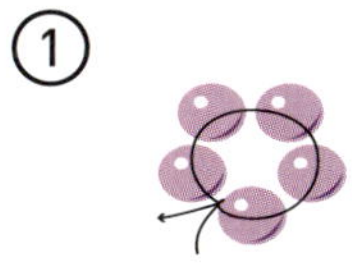

1
5 Roc11 auf einen 45 cm langen Faden fädeln und bis ca. 10 cm an das Fadenende schieben. Zu einem Ring schließen, indem durch die zuerst aufgefädelte Perle ein 2. Mal gefädelt wird. Durch alle 5 Perlen erneut hindurchfädeln. Fäden verknoten.

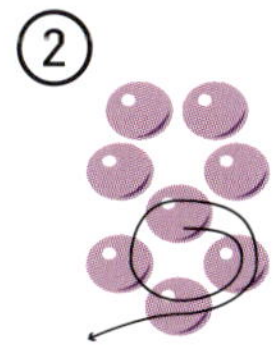

2
In RAW weiterarbeiten:
3 Roc11 auffädeln und kreisförmig durch eine Roc11 aus der 1. Runde fädeln.

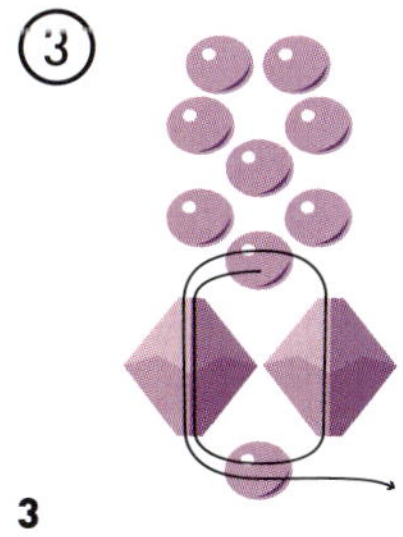

3
1 KS3, 1 Roc11 und 1 KS3 auffädeln. Durch die mittlere Roc11 aus Schritt 2 fädeln. Aus der Roc11 von Schritt 3 herausfädeln.

4
Schritt 3 wiederholen. Aus der Roc11 von Schritt 4 herausfädeln.

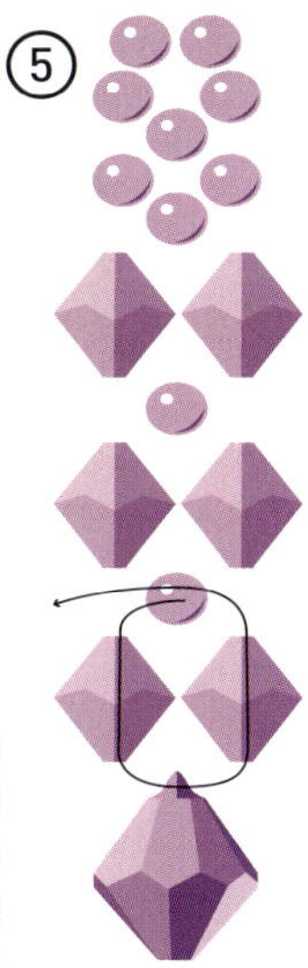

5
1 KS3, 1 KS6 und 1 KS3 auffädeln und durch die Roc11 von Schritt 4 herausstechen. Zur Verstärkung ein 2. Mal durch alle Perlen fädeln und wieder durch die Roc11 von Schritt 4 herausstechen.

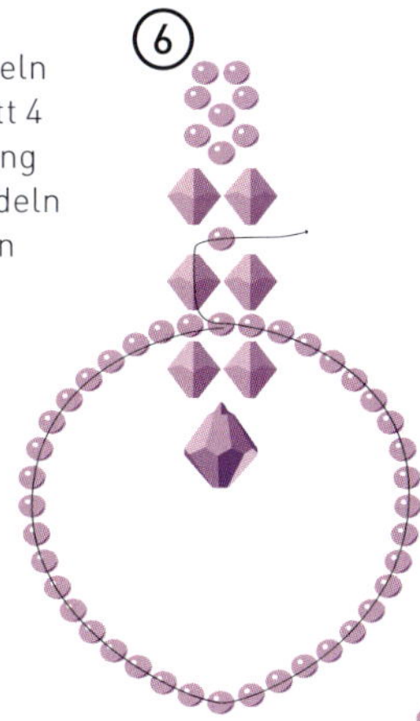

6
40 Roc11 auffädeln und durch die Roc11 von Schritt 4 herausfädeln. Die 40 Roc11 bilden den 1. großen Kreis. Durch eine KS3 und Roc11 von Schritt 4 herausfädeln. Den Faden anziehen.

Material

2	Kristallschliffperlen 6 mm, quer gebohrt (KS6)
12	Kristallschliffperlen 3 mm (KS3)
7 g	Rocailles 11/0 (Roc11)
	synthetischer Faden
	Nadel Stärke 12
1 Paar	Ohrhaken

7
53 Roc11 auffädeln und durch eine Roc11 aus Schritt 3 fädeln. Durch die folgende KS3 und Roc11 von Schritt 3 herausfädeln. Den Faden anziehen.

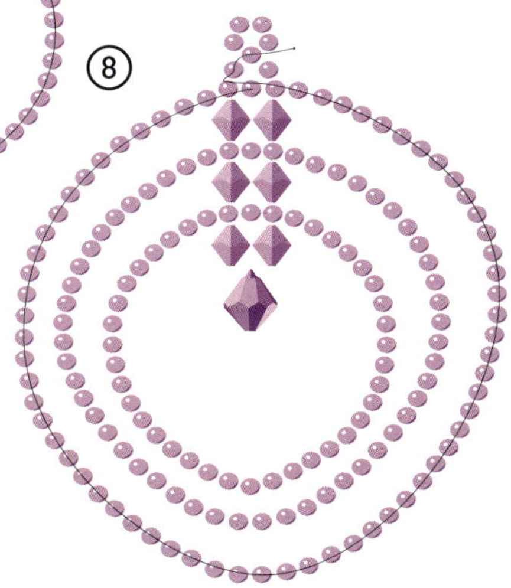

8
66 Roc11 auffädeln und durch die Roc11 von Schritt 2 fädeln. Den Faden anziehen. Weiter bis zu den Roc11 von Schritt 1 fädeln. Faden verknoten und alle Enden sorgfältig verstechen. Fadenenden abschneiden.

9
Die Öse des Ohrhaken leicht aufbiegen, durch den ersten Perlenkreis von Schritt 1 schieben und Öse wieder schließen.

„Tentakel“-Kette

Design von Ursula Elisabeth Arend, Deutschland

Fröhliche Sommerkette!
Sie gelingt leicht mit der Fädel- und Knotentechnik.

①

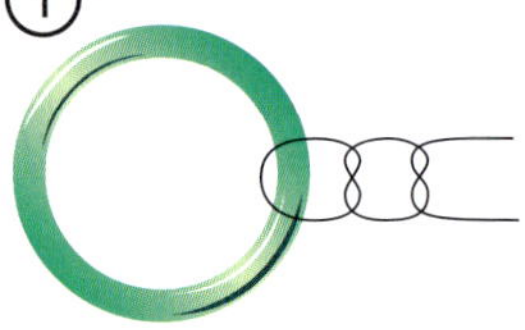

1
Einen 120 cm langen Nylonfaden mittig an einen Glasring mit einem Doppelknoten befestigen, sodass 2 gleich lange Enden von 60 cm vorhanden sind.

②

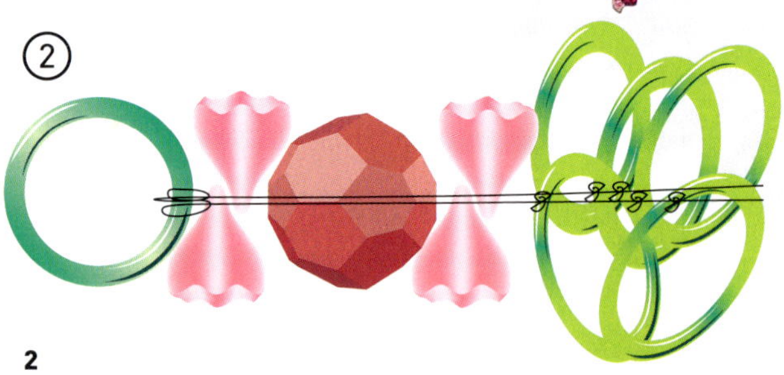

2
Beide Fäden zusammennehmen und 2 GB-r, 1 SP8-f, 2 GB-r auffädeln. 1 GR-g auf einen Faden nehmen und mit beiden Fäden einen Knoten machen. 4-mal wiederholen.

③

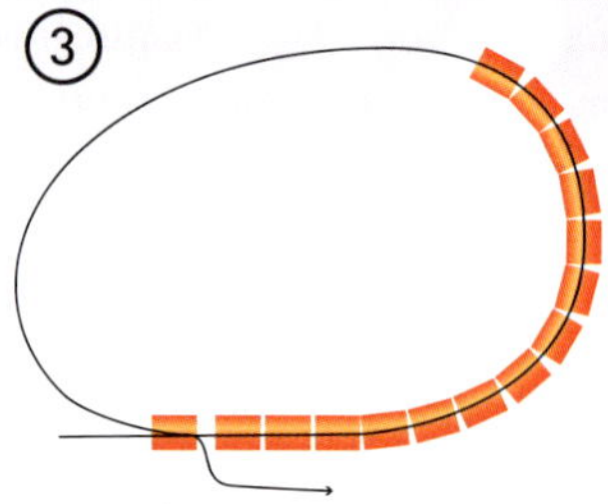

3
Nach dem 5. Ring eine Schlaufe aus GS2-o wie folgt fädeln: Auf einen der beiden Fäden 15 GS2-o auffädeln. Nochmals durch den 1. GS2-o fädeln.

④

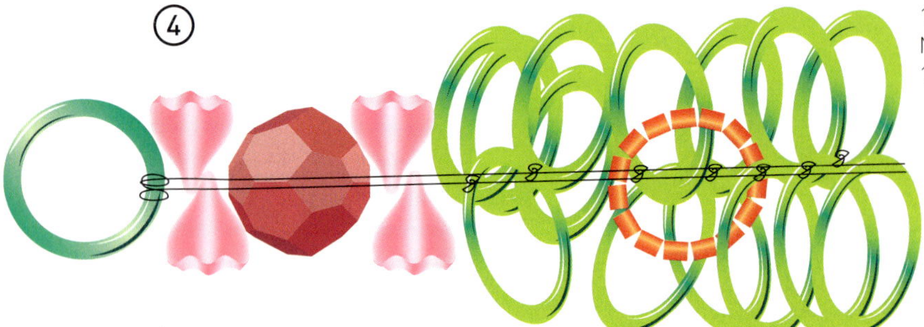

4
Weitere 9 GR-g dicht aneinander einknoten.

Material

90	Glasringe, 10–12 mm, gelb-grün; GR-g*
10 g	Glasstifte, 2 mm in petrol; GS2-p*
10 g	Glasstifte, 2 mm in orange-rot; GS2-o*
8	runde Schliffperlen# 8 mm, fuchsia; SP8-f
52	Schliffperlen# Bicone, 3 mm, fuchsia; SP3-f
32	Glasblüten, rosa; GB-r
52	Rocailles 12/0, rosa; Roc12-r
1	Rolle Nylonfaden, Stärke 0,30 mm
2	Fädelkalotten, silber, 4 mm
1	S-Haken-Verschluss, silber
1	Feuerzeug
1	Kerze
1	Spitzflachzange
*	Diese Materialangaben sind Zirka-Werte
#	Die Designerin empfiehlt Swarovski-Kristalle

(5)

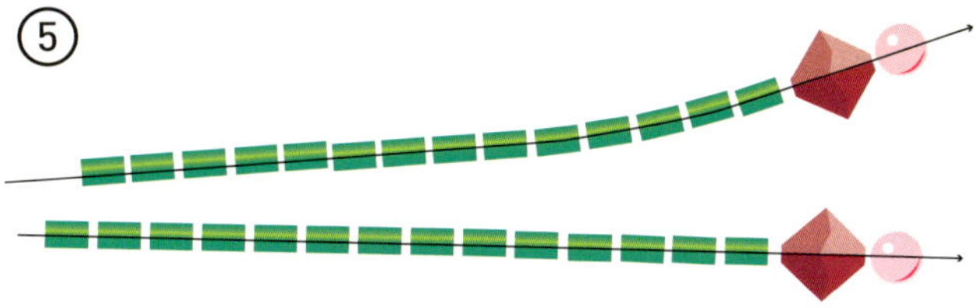

5
Auf die beiden überstehenden Fadenenden jeweils 14 GS2-p, 1 SP3-f und 1 Roc12-r fädeln. Das Fadenende mit einer Rundzange festhalten, den Faden darüber bis auf 1 cm abschneiden und vorsichtig mit einer Flamme (Feuerzeug, Kerze) das Fadenende anschmelzen. Es entsteht ein Knubbel, der nicht mehr durch die kleine Rocaille durchrutschen kann.
Achtung: Den Faden nicht anbrennen, sondern die Flamme nur kurz davor halten – die Hitze reicht zum Schmelzen aus. Mit den Fingern ab und zu auf das Geschmolzene tippen und den entstehenden Knubbel breitdrücken.

(6)

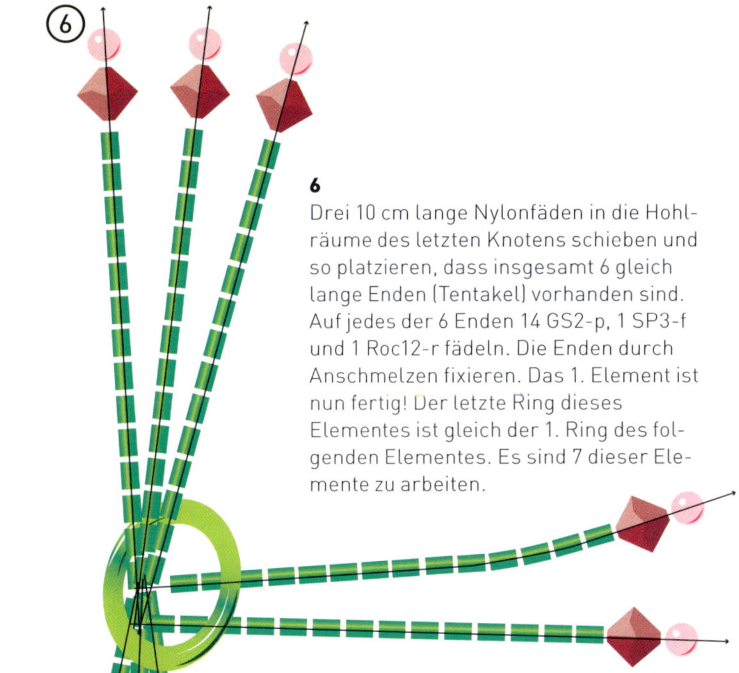
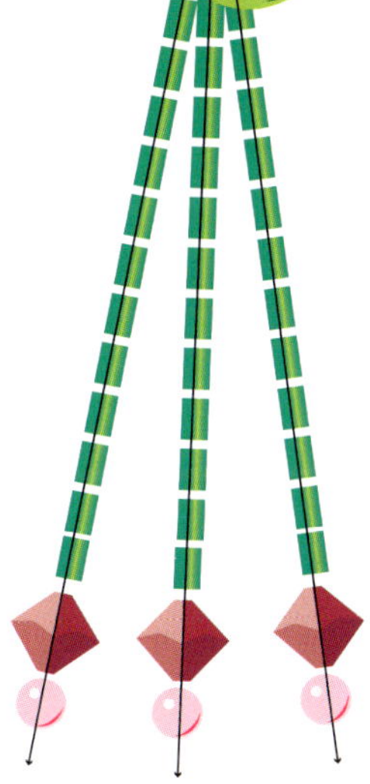

6
Drei 10 cm lange Nylonfäden in die Hohlräume des letzten Knotens schieben und so platzieren, dass insgesamt 6 gleich lange Enden (Tentakel) vorhanden sind. Auf jedes der 6 Enden 14 GS2-p, 1 SP3-f und 1 Roc12-r fädeln. Die Enden durch Anschmelzen fixieren. Das 1. Element ist nun fertig! Der letzte Ring dieses Elementes ist gleich der 1. Ring des folgenden Elementes. Es sind 7 dieser Elemente zu arbeiten.

(7)

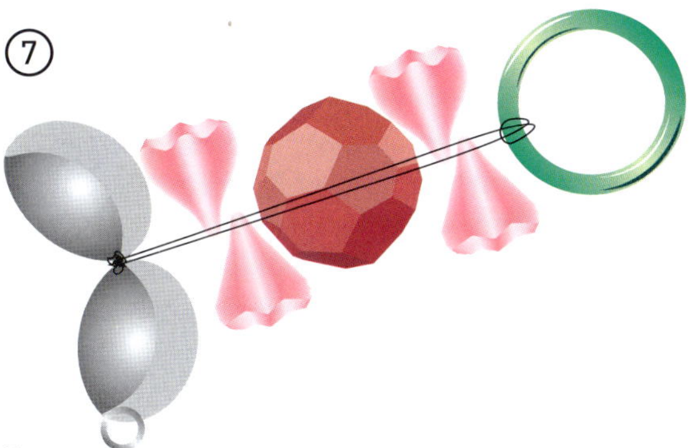

7
In den letzten Ring des 7. Elementes einen ca. 15 cm langen Faden anknoten. Beide Fäden zusammennehmen und 2 GB-r, 1 SP8-f, 2 GB-r auffädeln.
Die Fäden in eine silberne Fädelkalotte fädeln, bis auf 1 cm abschneiden und die Fadenenden anschmelzen. Durch die Hitze verkleben und verschmelzen die Fäden miteinander und es entsteht ein Knubbel, der nicht mehr durch das Fädelloch der Kalotte durchrutschen kann.

Die Fädelkalotte mit einer Spitzflachzange fest zusammendrücken und einen Verschluss mithilfe eines Biegeringes an der Öse der Kalotte befestigen.
Am anderen Ende genauso verfahren.

Anmerkung: Im letzten Element (Nackenbereich) die Tentakel ca. 2 cm kürzer halten.

„Just call me Curvey"

Design von Shelley Nybakke, USA

Die goldene Kette schmiegt sich wie ein Kräuselkragen elegant um den Hals.

Die von der Mitte ausgehenden Wellen sind zu einer Seite größer als zur anderen.

Material

Kette 45 cm

45 g	Metal Seed Beads 11/0, 24K gold plated; Roc11-g
150 g	Metal Seed Beads 8/0, 24K gold plated; Roc8-g
176	Glaswachsperlen 3 mm, white (GP3)
284	Glasschliffperlen 3 mm, blue iris (GS3)
	synthetischer Faden, z.B. Fireline 20 lb.
	kurze Nadel Stärke 10

①

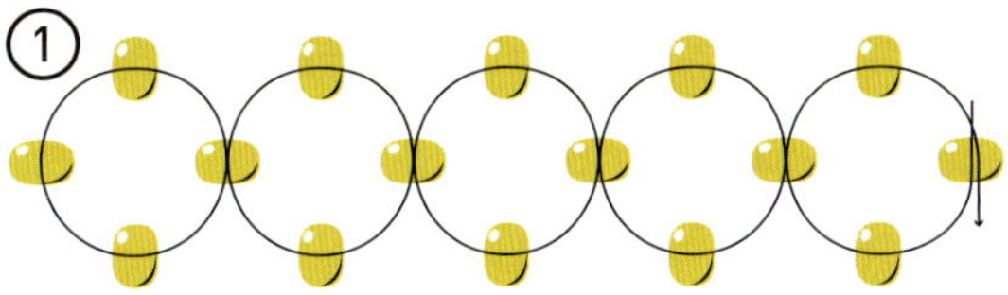

1
4 Roc11-g auf einen langen Faden bis ca. 15 cm vor das Fadenende schieben, mehrmals im Kreis durchfädeln (1 Einheit). 3 Roc11-g aufnehmen und durch die Perle aus dem 1. Kreis fädeln (2 Einheiten). Insgesamt 118 Einheiten fädeln.

②

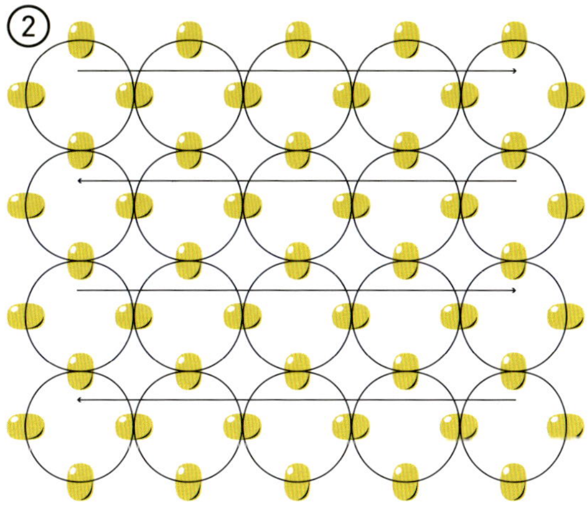

2
3 weitere Reihen mit Roc11-g in RAW fädeln.

③

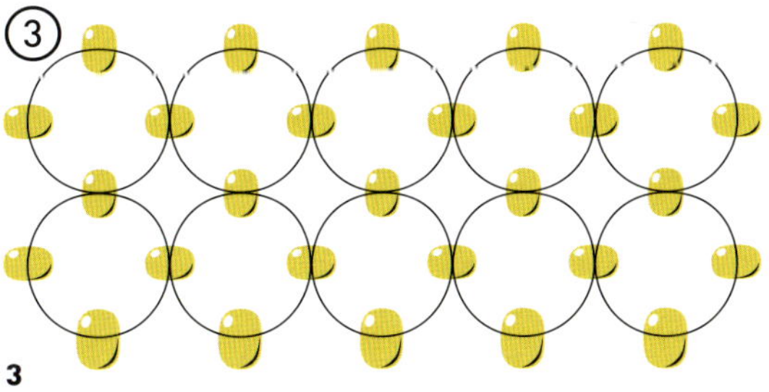

3
5. Reihe: 1 Roc11-g, 1 Roc8-g und 1 Roc11-g aufnehmen, durch die untere Perle der 4. Reihe sowie noch einmal durch die gerade aufgenommenen Roc11-g, Roc8-g und Roc11-g fädeln. Durch die untere Perle der 2. Einheit fädeln, 1 Roc11-g und 1 Roc8-g aufnehmen. Durch die 2. Roc11-g der 1. Einheit dieser Reihe, durch die untere Perle der 2. Einheit von Reihe 4 und durch die 1. Roc11-g dieser Einheit fädeln.

④

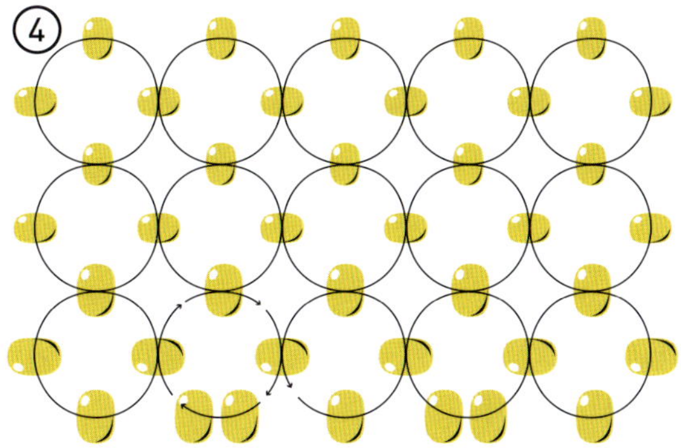

4
In der 6. Reihe werden nur Roc8-g verwendet. Die 1. Einheit mit 3 aufgenommenen Perlen fädeln. Für die 2. Einheit ebenfalls 3 Perlen aufnehmen und durch die untere Perle der Vorreihe fädeln (= Zunahme). In der 3. Einheit 2 Perlen, in der 4. Einheit wieder 3 Perlen aufnehmen und dies abwechselnd bis zum Ende der Reihe fortsetzen.

⑤

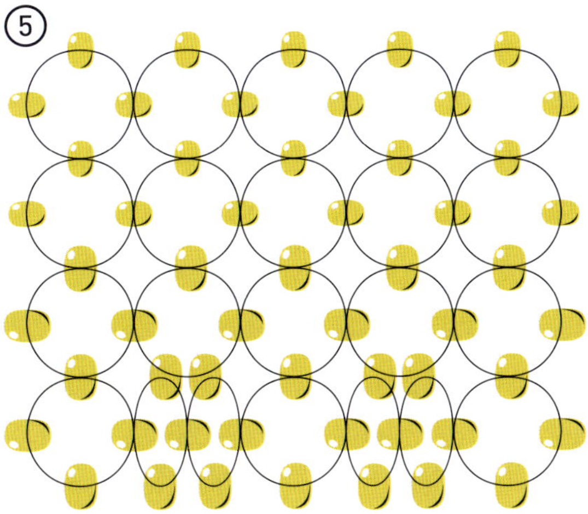

5
In der 7. Reihe werden ebenfalls nur Roc8-g verwendet. Die Reihe wird ganz normal in RAW gefädelt, wobei die doppelten Perlen aus der 6. Reihe als Grundlage für einzelne Einheiten dienen.

⑥

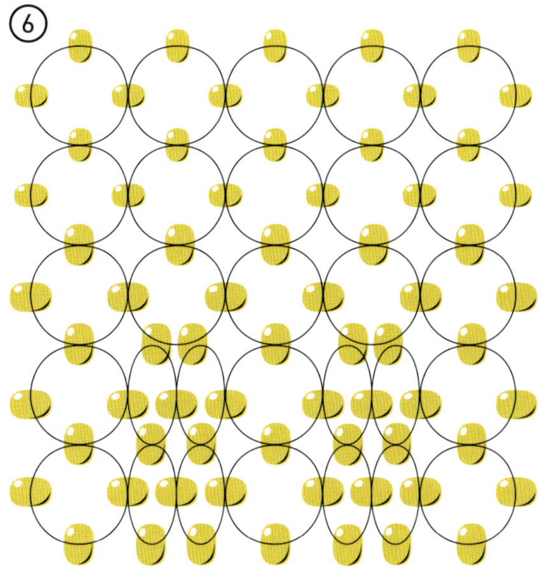

6
Die 8. Reihe genauso wie Schritt 4 (Reihe 6) arbeiten.

→

7
Die 9. Reihe genauso wie Schritt 5 (Reihe 7) arbeiten.

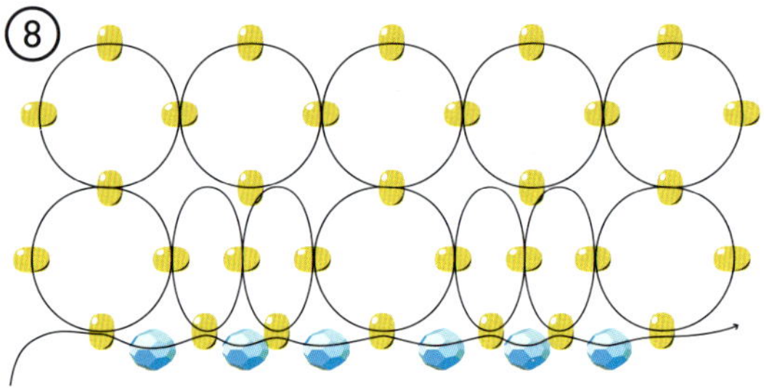

Untere Randreihe

8
1 GS3 zwischen jede Roc8-g auf der kompletten Länge der Kette einfädeln. Auf feste Fadenspannung achten.

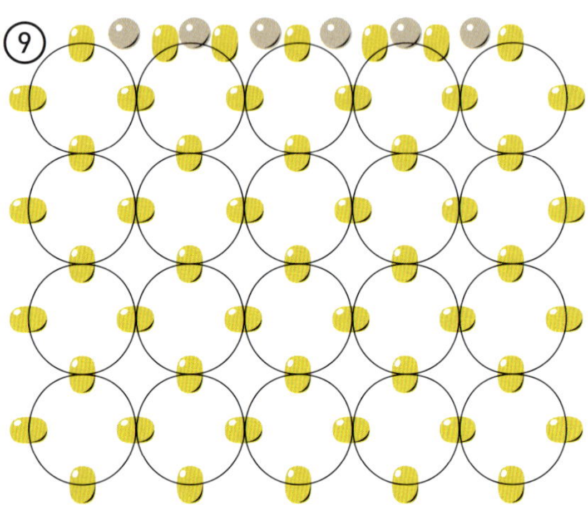

9
Nun komplett durch alle Reihen zurück zur 1. Reihe fädeln und Schritte 3 und 4 (5. und 6. Reihe) dort wiederholen; das ist die kürzere Seite. Dann wie in Schritt 8 beschrieben ebenfalls eine Randreihe, allerdings mit GP3, fädeln.

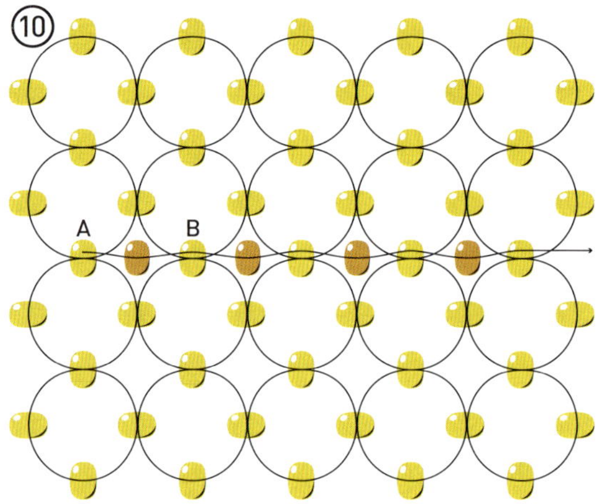

10
Bis zur Reihe 2 fädeln. Aus Perle A herausfädeln, 1 Roc11-g aufnehmen und durch Perle B fädeln. Dies über die gesamte Länge der Kette bis zum Ende der Reihe wiederholen. Diese Seite ist jetzt die Rückseite der Halskette!

Toggle-Schlaufen:

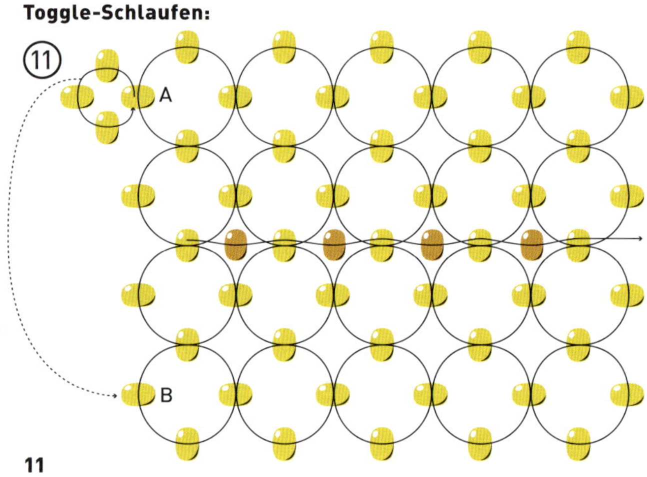

11
Bis zur Perle A in der 1. Reihe fädeln. 3 Roc11-g aufnehmen und durch die A-Perle fädeln (1 Einheit). 16 weitere Einheiten fädeln. Bei der 18. Einheit durch Perle B fädeln. Das bedeutet: 1 Roc11-g aufnehmen, durch Perle B fädeln, 1 weitere Roc11-g aufnehmen und durch die Roc11-g der 17. Einheit verbinden. Am anderen Ende der Kette ebenfalls solch eine Schlaufe arbeiten.

Doppelter Toggle-Verschluss

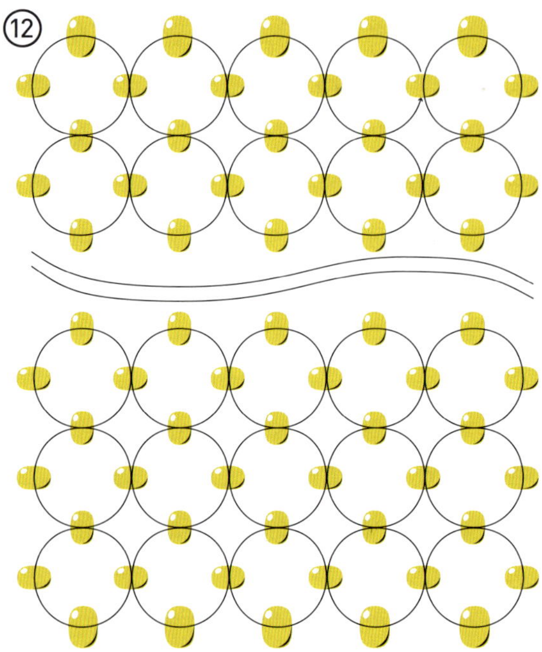

12
Normalerweise wird ein Toggle aus einem Röhrchen gefädelt, welches wiederum mit einem Steg oder Röhrchen an ein Schmuckstück gefädelt wird. Hier jedoch werden 2 Röhrchen mit einem Steg verbunden, die in die Endschlaufen der Kette eingehängt werden. In RAW einen Streifen fädeln, 11 Einheiten lang und insgesamt 4 Einheiten breit. In der obersten und untersten Einheit befindet sich je 1 Roc8-g am Rand, alle anderen Perlen sind Roc11-g. Die 5. Einheit verbindet die 1. und 4. Einheit.

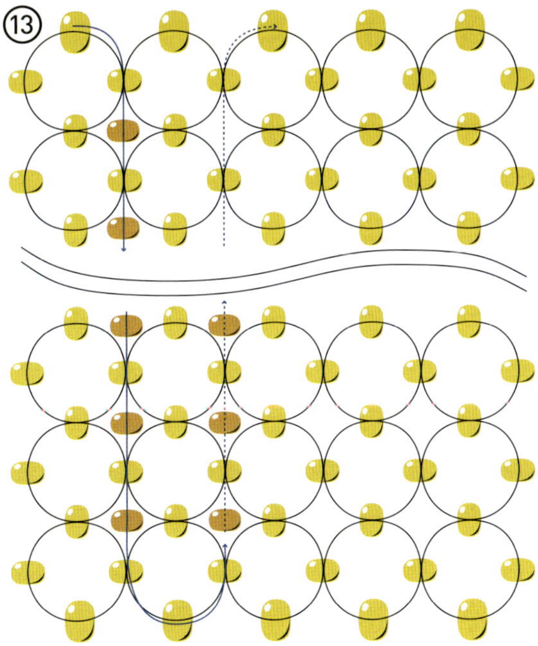

13
Abb. 13 zeigt das schon zusammengefädelte Röhrchen in der aufgeklappten Ansicht. Aus einer Roc8-g Randperle fädeln, nach unten (Längsseite des Toggle) durch die nächste Roc11-g fädeln, 1 Roc11-g aufnehmen und weiter nach unten durch die nächste Roc11-g fädeln. Die Reihe, wie in der Abbildung gezeigt, beenden. Am unteren Rand durch die Roc8-g Randperle fädeln und in Aufwärtsbewegung dieselben Schritte wiederholen. Das komplette Röhrchen auf diese Weise befädeln, dadurch wird der Toggle gefestigt.

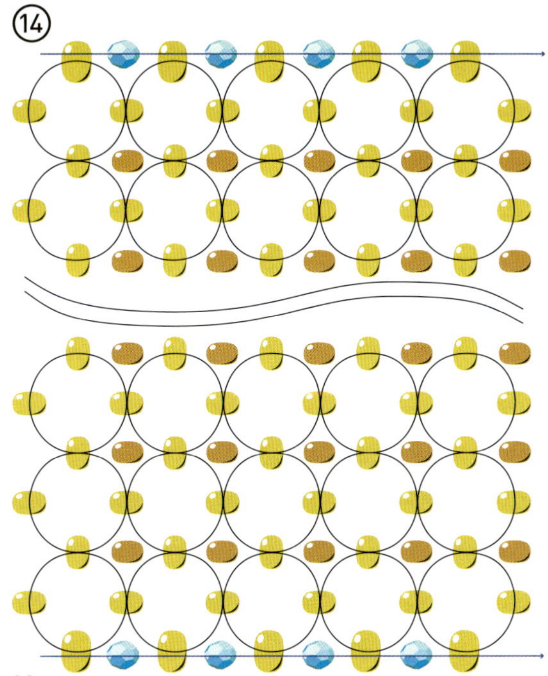

14
Abb. 14 zeigt das zusammengefädelte Röhrchen in der offenen Ansicht. Zwischen jede Roc8-g-Randperle wird 1 GS3 gefädelt. Fadenenden vernähen und Enden abschneiden. Ein 2. identisches Röhrchen fädeln.

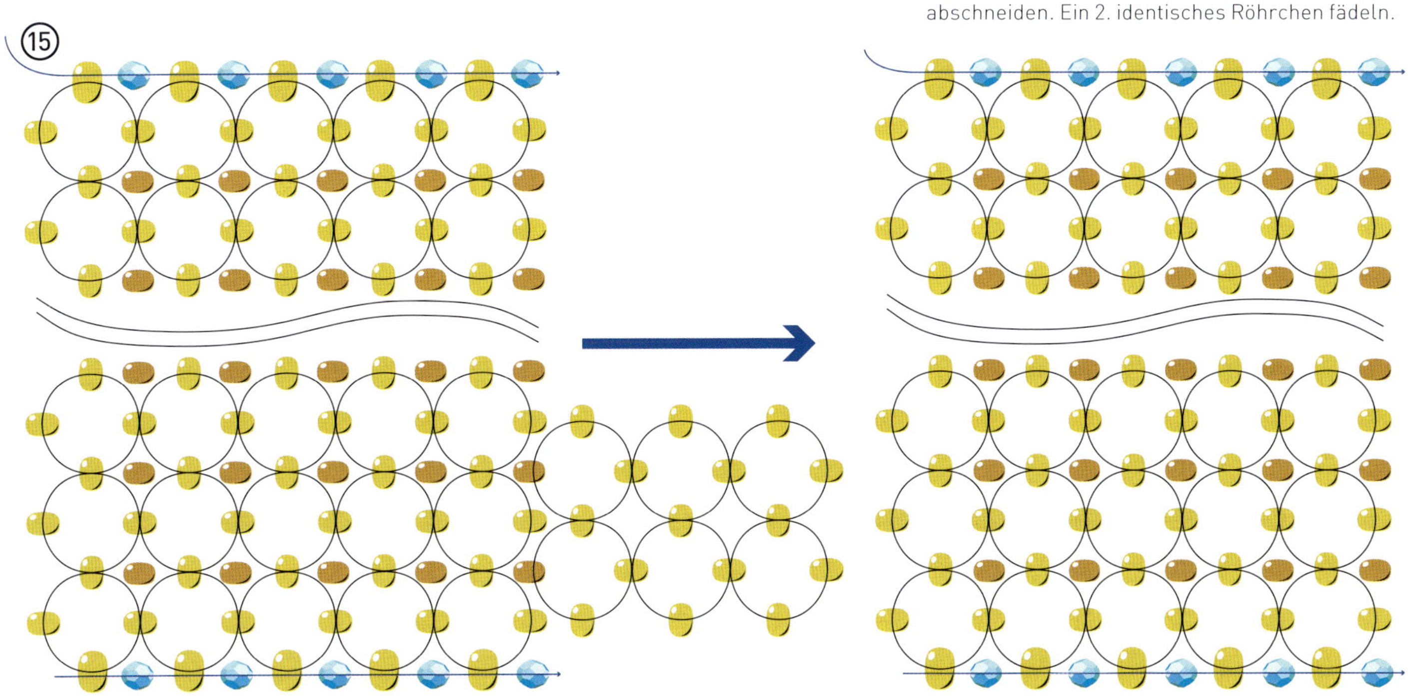

15
Abb. 15 zeigt die beiden Röhrchen links und rechts in der aufgeklappten Ansicht.

Verbindungssteg zwischen den Röhrchen
Faden in einem der Röhrchen befestigen und über 2 der zusätzlich gefädelten Perlen aus Schritt 13 (in der Mitte) einen Steg, 2 Einheiten breit und 9 Einheiten lang, in RAW fädeln. In der 10. Einheit werden beide Röhrchen verbunden. Der Toggle wird in die Schlaufen gesteckt und schließt somit die Kette.

Perlenkünstler aus Wien

In der Stadt zwischen Venedig und Böhmen hat das Perlenkunsthandwerk eine lange Tradition. Wir besuchten fünf ganz unterschiedliche Perlenkünstler ...

Nach Wien – da müsste man einfach mal hin. Den „kaiserlichen Flair" erleben, der sich beim Betrachten der Paläste wie Hofburg, Schloss Schönbrunn und Schloss Belvedere einstellt. Der reichen künstlerischen Vergangenheit (und Gegenwart!) nachspüren. Schlagworten, wie „Wiener Secession", „Wiener Werkstätte" Inhalt verleihen. Sich erinnern, dass Haydn, Mozart, Beethoven, Schubert, Liszt, Brahms, Strauß, Mahler und viele andere berühmte Musiker in Wien gewirkt haben. Typisch Wienerisches genießen, wie Mehlspeisen im Kaffeehaus, den Wein aus der Umgebung im Heurigen und und und ... Wichtigster Anlass unseres Besuches sind jedoch Perlenkünstler der Gegenwart!

„Haben Sie Wien schon bei Nacht gesehn" singen wir laut im Auto, als wir nach langer Fahrt abends in Wien ankommen. Nun hat Wien eine alte Kunst- bzw. Kunsthandwerkstradition. Auch Perlen hat es schon lange gegeben. Man denke nur an die Nähe zu Böhmen und Mähren (heute Tschechien), wo Glasperlen seit dem 17. Jahrhundert hergestellt und seit dem 19. Jahrhundert in ganz Europa vertrieben wurden. Oder an das weltweit bekannte Familienunternehmen Swarovski im österreichischen Wattens, dessen Ursprünge ebenfalls in Nordböhmen, in der Nähe von Gablonz liegen. Auch Italien und die venezianischen Perlen sind nicht weit entfernt.

Wir haben uns mit einigen Künstlern verabredet. Noch bevor wir sie treffen, lernen wir jemanden kennen, der das Thema „Glas" kunsthistorisch beleuchtet: Frau Dr. Waltraud Neuwirth. Ihre wissenschaftlichen Forschungen zu Themen wie Wiener und Meißner Porzellan, Glas und Keramik des Jugendstils, Wiener Werkstätte, Glasperlen und Glas-Christbaumschmuck u. a. hat sie in über fünfzig Büchern – meist im Selbstverlag – veröffentlicht. Viele Ausstellungen, oft unter Einbeziehung eigener Sammlungen sind von ihr gestaltet worden. Dr. Neuwirth war von 1968–2002 im Österreichisches Museum für angewandte Kunst („MAK") tätig, ab 1979 als Leiterin der Sammlungen Glas und Keramik. Man kann tatsächlich nur andeuten, welche Fülle an Forschungsarbeit Dr. Neuwirth bewältigte. Noch heute geht sie regelmäßig auf Reisen in die Gegend des alten Gablonz (Jablonec, Tschechien). Im Winter 2009/10 hat sie im Museum Bautzen ihre Sammlung böhmischen Christbaumschmucks präsentiert. Hier die Internet-Adresse für „glashistorisch" Interessierte: web.mac.com/waltraud.neuwirth.

Stabbrosche von Jacqueline I. Lillie: einzeln verknüpfte graue und bunte Glasperlen, Stahlmontierung. Entstehungsjahr: 1999

→

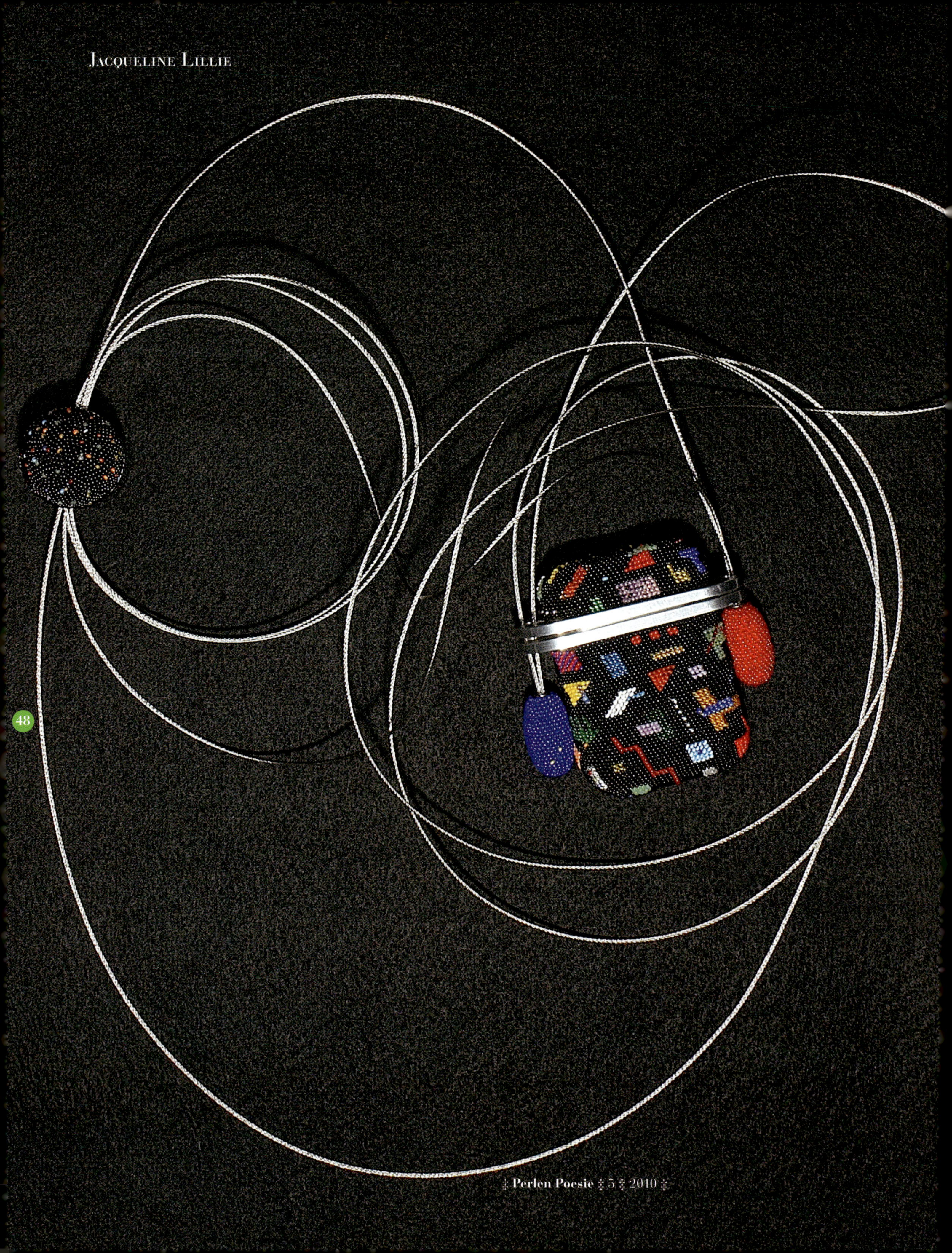

Bild links: 4 Stahlseile, Behälter aus Aluminium, schwarze und bunte Glasperlen (Größe 22) einzeln verknüpft, 1998. Als Collier gedacht hat es ein Gegengewicht, mit dem die Länge verstellbar ist, so dass es auch schräg wie eine Tasche getragen werden kann.

Jacqueline I. Lillie

→ Jacqueline Lillie: Auf der Suche nach der kleinsten Perle

Zu dieser Verabredung konnte man uns eine kleine Nervosität nicht absprechen, ist Jacqueline Lillie doch die Respektsperson in Sachen Perlenkunst schlechthin! Ihre Arbeiten werden sehr bewundert. Aus den Fenstern ihrer Wohnung können wir das berühmte Dach der „Secession" sehen, des Ausstellungshauses für zeitgenössische Kunst. Bei einem „kleinen Schwarzen" kommen wir schnell ins Gespräch. Frau Lillie erzählt, dass sie zwar Sozialarbeit gelernt, sich jedoch immer für Kunst interessiert habe. Und so hat sie danach noch 5 Semester an der Wiener Hochschule für angewandte Kunst studiert, unter anderem in der Meisterklasse für Metallarbeiten bei Prof. Hagenauer. Dann fertigte sie für kurze Zeit Entwürfe bei einem Juwelier.

Ein neuer Lebensabschnitt begann mit Heirat und Kindern. Nach ein paar Jahren hat sie sich wieder dem Schmuck zugewandt. Doch wie kam Jacqueline Lillie zu den winzigen Glasperlen? „In einem Trödlerladen fand ich einmal eine Hutschachtel voll alter Perlen, deren Preis für damalige Zeiten mit 50 DM astronomisch hoch war. Ich habe mir kurzerhand den Inhalt und die Kosten mit einer Freundin geteilt." Es packte sie! Sie fing an, alles über Glasperlen herauszufinden, ging in Büchereien, Museen, forschte über die Wiener Werkstätte, befasste sich auch mit den Formenprinzipien des Bauhauses und mit den russischen Konstruktivisten, deren Kennzeichen in der Beschränkung auf einfache geometrische Formen in gleichmäßigen Farbflächen lag. Sie studierte, wie einige afrikanische Völker mit Perlen arbeiten. Schließlich entwickelte sie eine eigene Technik des →

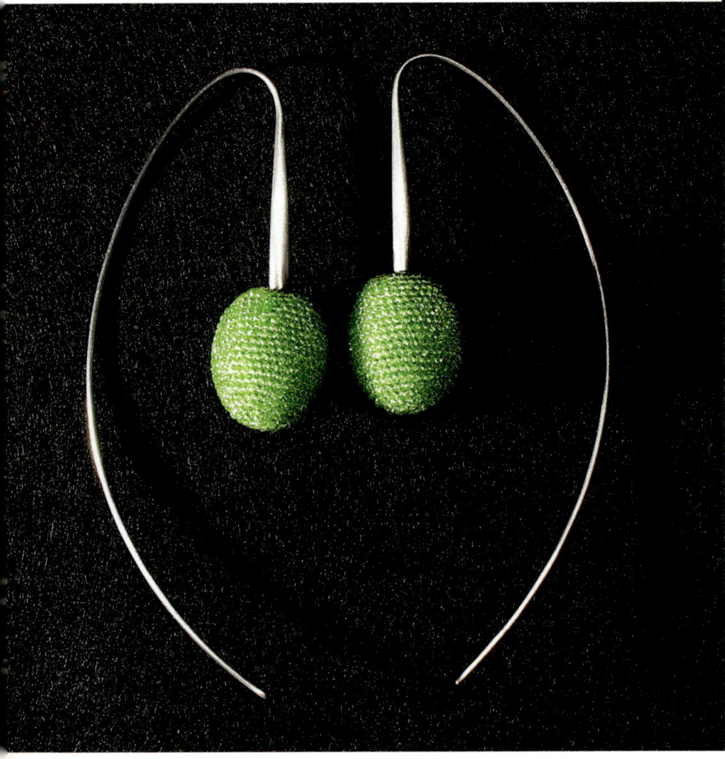

Ohrgehänge: Einzeln verknüpfte hellgrüne Glasperlen (Größe 20), Titanmontierung, 2010.

Orange-graues Collier aus einzeln verknüpften Glasperlen (Größe 18), fünf Schnüre mit einem Corian-Magnetverschluss zusammengefasst, 2007/8.

→ „Perlenknotens", wobei sie ausschließlich alte böhmische, zum Teil weniger als 1 mm große Glasperlen benutzte. Immer wieder angezogen hat sie Inge Asenbaums „Galerie am Graben" in Wien, die von 1972 für rund 20 Jahre Wiens wichtigste Drehscheibe für zeitgenössische Schmuckkunst war. So regelmäßig ging sie dahin, dass, wie sie sagt, ihre Mutter dies mit „Kirchgang" verglich. „Frau Asenbaum war hier im Grunde eine Vorreiterin von Perlenschmuck; ihr Anliegen war es, Frauen von althergebrachten Vorstellungen von Schmuck abzubringen, ihnen moderne Verarbeitungsmöglichkeiten und Formen vorzustellen", erklärt sie. „Nie hätte ich gedacht, dass mein Schmuck so gut sein könnte, dass er einmal dort gezeigt werden würde." Doch genau das geschah. „Ich wurde von Bekannten quasi an die Hand genommen, um ihr meinen Schmuck zu zeigen, und sie wollte sofort eine Ausstellung damit machen!" Frau Lillie und ihr Mann holen für uns Schmuckstücke zum

Ohrgehänge: Glasperlen einzeln verknüpft (Größe 22). 18 Kt. Goldmontierung. Eine Kugel nach Wunsch abnehmbar, 2004.

Ring: Orientperlen, wenige Metallperlen einzeln verknüpft, 18 Kt. Goldmontierung, 2002.

Ohrgehänge für nicht gestochene Ohren: Einzeln verknüpfte rosa Glasperlen (Größe 20), 14 Kt. Gelbgoldmontierung, 2004.

Armreifen: Einzeln verknüpfte schwarze und weiße Glasperlen (Größe 20), Silbermontierung, 2007.

Fotografieren und wir kommen aus dem Staunen nicht heraus über die eleganten Formen, unerwartet einfachen und komfortablen Verschlüsse und eleganten Endstücke, diese wunderbar starken, doch im Vergleich zu modernen Perlen weicheren Farben.

Wir lassen die Textur der Stücke auf uns wirken. Was denkt sie über ihre Maßstäbe, die sie Schmuck anlegt? Schmuck soll ästhetisch sein, elegant, zeitlos, sowie bei der Arbeit tragbar sein, etwas aushalten, sich den Stimmungen der Trägerinnen anpassen können – viele ihrer Ketten sind variabel zu tragen! Und vor allem: Schmuck sollte kein Statussymbol sein, sondern die eigene Haltung zum Leben reflektieren! An dieser Stelle ist es nicht möglich, umfassender auf ihr Werk einzugehen, doch so viel sei gesagt, dass Jacqueline Lillies Werke in die Sammlungen berühmter Museen in den USA, in Australien, Österreich und Deutschland aufgenommen worden sind. Ihr Schmuck war und ist auf unzähligen Einzel- und Kollektivausstellungen zu sehen und ist Gegenstand vieler Bücher.

→

Stephan Hampala: Ich bin ein „Maker“

Der Schmuck von Stephan Hampala fesselt den Betrachter durch seine Zartheit und Perfektion. Er drängt sich nicht auf, doch er lädt die Augen zum Verweilen ein. Kleinste Glasperlen sind einzeln mit der Nadel gefasst und um formgebende Körper gearbeitet. Kantig-Eckiges gibt es nicht, dafür runde, gleichzeitig klare Formen. Die seidigen, nicht so vordergründigen Farben der antiken Perlen sind zu grafischen Elementen und Mustern in eher sanften Kontrasten angeordnet. Harmonisch zurückhaltende Verschlüsse und Fassungen lässt er für seinen Schmuck extra anfertigen. Im Café Florianihof lernen wir den Künstler kennen.

„Ich bin dem Schmuck- und Modeverständnis der Wiener Werkstätte verbunden.“

Eher „schief“ sei er zu den Perlen gekommen, sagt er, obwohl er immer ein Faible für Schmuck hatte. Er hat Theaterwissenschaft studiert und in dieser Zeit ist er mit textilen Schmuckformen konfrontiert worden. Dabei sei ihm bewusst geworden, dass er trotz seines historisch-kunsthistorischen Interesses an jeder Art von Schmuck, ihn selbst nicht aus Metall oder Steinen machen würde, da sie zu ihm spröde seien. Wie ist er dann zu einem Macher von Perlenschmuck geworden? „Nun, Menschen und Dinge kommen zusammen, etwas passiert! Auf eine Anfrage, ob ich eine alte Perlenarbeit aus dem 19. Jahrhundert restaurieren könnte, habe ich mich mit den Techniken beschäftigt ... Dann sieht man altes Material, das schöner aussieht als das, was heute produziert →

Stephan Hampala

Collier: alte venezianische Glasperlen, Silber oxidiert, L 46 cm, max. Ø 1,1 cm, 2005.

wird, man probiert aus. Das geht etwas unbewusst. Ich fand es auch nicht besonders exotisch, denn in Wien hat es eine starke Tradition auf dem Gebiet der Perlenarbeiten gegeben. In kleinen Galerien und Antiquitätengeschäften konnte man alte Stücke sehen. Zum Beispiel sah ich etwa 1990 eine perlengehäkelte Kette von Felice Rix (Anm. d. Red.: Felice Rix-Ueno, berühmte Wiener Textildesignerin, 1893–1967). Perlenarbeiten waren einfach präsent."

„Ich gehe nicht von Farbtheorien aus, es ist eher so, als würde ich vor einem Malkasten sitzen."

Wir kommen auf den Begriff „wertvoll" zu sprechen. „Ich bin dem Schmuck- und Modeverständnis der Wiener Werkstätte verbunden, auch dem ‚Arts and Crafts Movement' Englands (Anm. d. Red.: englische Bewegung in der Kunst und im Produkt-Design als Reaktion auf die als seelenlos empfundenen Produkte der frühen Industrialisierung). Es geht nicht um das Material im herkömmlichen Sinne, sondern um materialgerechten Umgang damit. Eine handgeschmiedete Goldkette ist für mich wertvoll, ein maschinengefertigtes Setting für noch so große Diamanten ist es nicht. Der individuelle Umgang mit dem Material macht den Wert aus.

Collier: alte böhmische Glasperlen, Silber oxidiert, L 50 cm, max. Ø 2,2 cm, 2005.

Ohrschmuck: alte venezianische Glasperlen Silber oxidiert, 2,1 x 2,1 cm, 2005.

Auch die Frage fasziniert mich, wie weit ich die Grenzen eines Materials dehnen kann. Bis wohin kann der Umfang eines Stückes gedehnt werden, bevor die Spannung zu groß wird? Hier setzen die unregelmäßigen, teils sehr dünnen Wandstellen alter Perlen Grenzen. Einmal sah ich einen Ring mit einem wunderbaren großen, in Treppenschliff geschliffenen Smaragd, der ganz offen gefasst war. Das ist sicher luxuriös, denn ein Smaragd ist ja so weich, dass man an keiner Tischkante anschlagen kann ohne dass der Stein kaputt geht. Solch eine Verarbeitung widerspricht zum Beispiel meiner Auffassung von materialgerechtem Umgang, denn es geht auch um die ‚Usability'. Weiter sagt er: „Mir gefällt der englische Begriff ‚maker', für das, was ich tue! Ich sehe mich we-

Schmuckfotos: Peter Völker

der als Handwerker noch als Kunstgewerbler noch als Künstler. Der Begriff ‚Kunstgewerbe' kommt aus einer Zeit, als er noch wirklich etwas bedeutete, als es Kunstgewerbeschulen gab. Der Designer heutzutage mag entwerfen, aber nicht selbst umsetzen; der Künstler ist für mich eher im bildenden Bereich tätig als im angewandten."

Wie beschreibt Stephan Hampala seinen Umgang mit Farbe? „Ich gehe nicht von Farbtheorien aus, es ist eher so, als würde ich vor einem Malkasten sitzen. Manchmal ertappe ich mich dabei, dass ich denke, wenn du eine bestimmte Farbe weglieẞest, könntest du das Schmuckstück eher an die Frau bringen ... Doch meine Arbeit soll so werden, wie ich sie mir vorstelle. Es passiert zum Beispiel, dass ich mit einer Farbe im ersten Moment nichts anfangen kann, dann sehe ich andere Perlen, mit deren Farbe ich ebenfalls nichts anfangen kann, doch beide zusammen machen es spannend. Dann empfinde ich: Jetzt öffnet sich eine Tür." Er ergänzt: „Ich mag die Spannung, die sich aus Gegensätzen ergibt: Etwas Textiles wird zu Schmuck, etwas Altes wird in etwas Neues verwandelt, aus zerbrechlichem Material wird ein ganz haltbares Objekt, etwas Kleinteiliges wird zu einer großzügigen Struktur."

„Manchmal ertappe ich mich dabei, dass ich denke, wenn du eine bestimmte Farbe weglieẞest, könntest du das Schmuckstück besser an die Frau bringen."

Zwei Anhänger: alte böhmische Glasperlen, Silber oxidiert, Seidenkordel, L 8 cm, max. Ø 2,8 cm, 2008.

→

Wiener Werkstätte

Die „Wiener Werkstätte" wurde 1903 von Josef Hoffmann, Koloman Moser und Financier Fritz Waerndorfer als Produktiv-Genossenschaft gegründet und existierte etwa 30 Jahre. Als Vorbild galt die englische Arts & Crafts-Bewegung, die der anonymen Masse der Industrieprodukte hochwertige Handwerkstradition entgegensetzte. Auch der Wiener Werkstätte ging es um eine Veredelung des Alltags und die Vereinigung von Kunst und Handwerk. Ihr Leistungsspektrum reichte von dem Bau und der Einrichtung ganzer Häuser bis hin zu wertvollen Einzelobjekten und Gebrauchsgegenständen. Von Beginn an dabei waren auch revolutionäre Schmuckentwürfe, die mit den Traditionen radikal brachen: Was zählte, war die künstlerische Idee und nicht der materielle Wert.

Ringe: Knotenvariationen aus gehäkelten Schläuchen – eine Spezialität der Künstlerin.

Eva Maria Schuster: monochrom und die Möglichkeiten von Schwarz

→ Abends sind wir mit Eva Schuster verabredet. Sie strahlt uns an und wir sind gleich mitten im Gespräch. Ohne ihre anderen Schmuckstücke gering zu achten, sind es ihre ungewöhnlichen Ringe, die alle Aufmerksamkeit auf sich ziehen. Eva verschlingt und verknotet gehäkelte Perlenschläuche, die sorgfältig und unsichtbar vernäht werden, zu großen, edel wirkenden Gebilden. Sie benutzt überwiegend zurückhaltende monochromatische Farben wie „Möglichkeiten von Schwarz", Variationen von Weiß, Creme oder auch Braun. Eva erzählt, dass sie immer gern mit Materialien „gespielt" hat, zum Beispiel beim Nähen und Stricken.

Zu Perlen habe sie einen etwas schüchternen Zugang gehabt. Sie hätte bei der Frau Kölbl hin und wieder ganz kleine Mengen Perlen gekauft, um sich mal eine Kette zu machen, und vielleicht einmal in der Woche „hingegriffen". Doch mit der Zeit wurde es ihr zu fade, sie wollte mehr: „Dann wollte ich Kugeln machen, auch das wurde mir zu fade, dann wurden die Perlen immer kleiner – es ergriff mich einfach. Ich hätte nie gedacht, welche Eigendynamik das bekommen würde. Bei meinem Gespiele mit den Schläuchen kam auf einmal Feedback von außen, dies doch für andere zu machen und zu verkaufen. Sollte ich es nun hobbymäßig weiterbetreiben oder eher professionell aufziehen? Oh, es hat ewig gedauert, bis ich dann eigene Visitenkarten hatte. Ich bin zwar extrovertiert, doch auch schüchtern.

„Ich bin ein Freund von gedeckten Farben in Schmuck und Kleidung."

Schließlich hat es – auch mit Zuspruch von außen – eine Eigendynamik bekommen, die mich immer noch erstaunt. Eine eigene Homepage wollte ich erst gar nicht, habe dann mit meinem Bruder, der Künstler ist, zusammen eine gemacht – was für ein komisches Gefühl, als wäre die Intimität auf einmal weg, jeder kann dich jetzt finden."

Wir fragen sie, warum sie eher zurückhaltende Farben verwendet. „Ich bin ein Freund von gedeckten Farben in Schmuck und Kleidung. Bei der Verwendung solcher Farben konzentriert man sich mehr auf die Form und wird nicht abgelenkt, der dreidimensionale Effekt ist oft stärker bei dumpferen Farben. Ich selbst ziehe mich gern so an, dass eine witzige, nicht alltägliche Silhouette entsteht. Meine Stücke sind einfacher geworden, die Perlen größer. Das hätte ich mich vor ein paar Jahren nicht getraut, denn man dachte, es muss ja immer feiner, filigraner, komplizierter werden, doch ..." (lacht) „... da gibt's ja andere, die das ganz toll können! Ich mische auch gern sogenannten echten mit Glasperlenschmuck, denn ich finde, dass man grundsätzlich respektlos damit umgehen sollte, das eine hebt oder dämpft das andere. Mein Schmuck ist eigenständig, er ist Handwerk, er ist Wohlfühlschmuck."

Eva M. Schuster

→

Konzentration: Akribisch wird Perle für Perle an ihren Platz gefädelt.

„Ich setze die Farben der Fäden bewusst zu transparenten Perlen ein, lasse oft auch Fäden heraushängen."

Katharina Eder: Perlen im Materialmix

Wir besuchen Katharina Eder in ihrem gemütlichen Haus mit Atelier in Mödling bei Wien. Ohne Umstände, zügig und frisch beantwortet sie unsere Fragen. „Wie ich zu den Perlen gekommen bin? Als meine Kinder klein waren, habe ich damit angefangen. Ich hatte einmal ein Buch mit der Abbildung einer Kette von Jacqueline Lillie gesehen. Das hat mich fasziniert und nicht mehr losgelassen." Seit 1992 beschäftigt sie sich mit dem Werkstoff Glas, seit 2001 hat sie die Anerkennung als bildende Künstlerin in Österreich. Durchschnittlich zweimal im Monat ist Katharina Eder unterwegs auf Kunsthandwerkermärkten im Inland sowie in Holland, England und Deutschland. Außerdem gibt sie Kurse.

Als sie erzählt, sie habe sich lange nicht getraut, in die Öffentlichkeit zu gehen, weil sie davon ausgegangen sei, dass ihre Stücke nicht gut genug wären, können wir das kaum glauben. Verschmitzt setzt sei hinzu, sie würde die Interessenten immer vorwarnen, dass die Arbeit mit Perlen süchtig mache. Katharina häkelt und fädelt – oder näht, wie man in Österreich zu den Stichtechniken sagt – gern Dreidimensionales. Den Peyote-Stich mag sie allerdings nicht allzu gern, da die Perlen immer so schräg stehen, „da könne man gleich häkeln". Die Farben, die sie verwendet, sind frisch und kräftig.

Sie hat einen großen Vorrat an alten Perlen, und dies sind auch ihre Lieblingsperlen. Alte Perlen haben oft feine Abstufungen ein und derselben Grundfarbe, es mache einfach Freude, damit zu arbeiten. Durch ihre vielen Kontakte werden ihr auch oft welche „zugetragen". Sie zeigt uns ihre Perlenschätzchen, wie Perlenbeutel, Lampenbehänge, Kleidungsbesatz, einen betagten Gürtel in Netztechnik, einen Kragen aus Perlen, auch alte Stahl- und Goldperlen. Immer wieder hören wir den Satz: „Das ist typisch Wien, 20er Jahre".

In ihrer sehr großen Schmuckkollektion spielen auch andere Materialien als Glas mit. „Ich fühle mich dem Textilen zugehörig. Ich habe viel im Square-Stich gemacht – übrigens auch Kugeln –, da er viel Textiles enthält, ich setze die Farben der

Fundgrube: Reste eines mit Perlen bestickten Stoffes.

Magnetbrosche: Sie ist mit schwarzen und roten Glasperlen überzogen, dann mit Fäden bestickt.

Katharina Eder

Fäden bewusst zu transparenten Perlen ein, lasse oft auch Fäden heraushängen. Ich habe schon Filzperlen gemacht, mit Stoff, auch mit Holz gearbeitet – mein Mann dient da als gute Quelle: er ist Gitarrenbauer."

Wir fragen sie, ob es noch eine Herausforderung oder einen Traum für sie gibt. „Auf den Punkt kann ich es nicht sagen. Wenn ich eine neue Idee habe, dann wurschtele ich Stück für Stück vor mich hin und dann es wird auch etwas. Ein wichtiges Anliegen ist mir die Zusammenarbeit mit anderen Künstlern, zum Beispiel mit Filzern. Mit meinem Gegenüber etwas zusammen zu entwickeln, das verbindet, das finde ich schön. Ich mag auch Schüler, die selbst Ideen haben, die mich unter Umständen auch weiterbringen. Ich bin ein kommunikativer Mensch, tausche mich gern aus. Was ich nicht so gern mag, sind Schmuckaufträge, bei denen man mir vorschreibt, was ich tun soll." (lacht) „Wenn ich für eine Frau Schmuck mache, rede ich ihr auch mal hinein, wenn ich es richtig finde und sage, das passt nicht zu ihr. Ich gebe Kundinnen ab und zu den noch nicht fertiggestellten Teil einer Kette zum Ausprobieren mit nach Hause; ich versuche wirklich auf sie einzugehen. Dadurch habe ich zufriedene Stammkunden." (Katharina Eder ist auf dem Europamarkt Aachen am 4./5. September 2010.) →

Regenbogenkette: Perlenelemente in Regenbogenfarben, eingebettet in Kirschholz.

Anemonenkette: Ebenholzschiffchen, in die, ähnlich wie bei Seeanemonen, Glasperlenelemente gearbeitet sind, die aus dem Holz herauszuwachsen scheinen.

Magnetbroschen aus Olivenholz und Ebenholz, in das winzig kleine böhmische Glasperlen eingearbeitet sind.

Schmuckfotos: Simone Andress

Im Gespräch: Engagiert erzählt Antje Grünwald von ihrer Passion.

Antje Grünwald: Forschen und dann fädeln

Bei einem Glas Wein im Heurigen erzählt Antje Grünwald etwas über sich und ihre Perlenarbeit. Vorher hatten wir bereits ihren Häkelschmuck bewundert. Sie erzählt, dass sie von klein auf ein lesefreudiger Mensch war und stets an Hintergründen interessiert. Sie liest nicht nur Bücher, sondern beschäftigt sich sogar mit den Autoren. Immer schon liebte sie Handarbeiten wie sticken, stricken, häkeln, patchworken, wobei sie auch hier die Historie der Techniken erforschte. In einer Phase suchte sie sich Rezepte aus alten Zeitepochen, um sie nachzukochen. Um sich Notizen über den Inhalt eines alten Ratgeber- und Kochbuches in einer Ausstellung machen zu dürfen, war sie zu einem Geschäft mit einem Museumsangestellten bereit. Er wünschte sich, Socken stricken zu lernen, sie war bereit, es ihm zu zeigen, dafür durfte sie sich Notizen machen. „Ich bin ein kommunikativer Mensch, ich spreche Menschen an, wenn ich etwas erforsche, da bin ich unkonventionell." Grundsätzlich liebt sie auch das Malen; doch da sei man ja nicht direkt am Material, denn es sei noch der Pinsel dazwischen. „Ich muss das Material direkt fühlen", sagt sie und: „Obwohl man sich manchmal gern auf größerer Fläche austoben möchte, sehe ich es als Herausforderung, mit kleinen Perlen auf kleinstem Raum zu designen."

Als Antje Grünwald vor etwa 19 Jahren in einem Antiquitätengeschäft ein Jugendstil-Lariat aus ganz kleinen Perlen fand, fing sie an, sich für Perlenarbeiten zu interessieren. Weil es kaum Informationen darüber gab, hörte sie erst mal auf, bis sie perlengehäkelte Armreifen in einem Schaufenster sah, zeitgleich wurde ein Kurs in der Volkshochschule angeboten: Jugendstilketten häkeln. „Der Kurs war zwar nicht so toll, doch meine Sitznachbarin, eine Werklehrerin, hatte viel Ahnung. Vor allem hatte sie kein Problem mit räumlichem Denken, das bei mir nicht so stark ausgeprägt ist. Von da an ging es voran!

Später zeigte mir jemand, wie man ein Lariat und Kugeln häkelt. Ich habe viel ausprobiert. Und wieder ganz

Ketten aus umhäkelten Holzkugeln.
Tschechische und japanische Perlen, Größe 15 und 16.

„Jeder Mensch braucht seine Freude und seine Spiele."

Länge 195 cm

Forscher: „Übrigens hat man schon im 17. Jahrhundert in Italien Kugeln gehäkelt. In der Zeit des Jugendstils wurde diese Technik besonders in Wien wiederbelebt." Gibt es außer dem Entwerfen von Mustern noch etwas, was sie herausfordert? „Oh ja, die Verwendung von Garnen! Ich liebe Garne, sie bewirken so viel, denn sie verändern Farben, sie bestimmen, wie ein Schmuckstück fällt. Ich glaube, jeder, der mit Perlen arbeitet, sollte über Garne Bescheid wisse."

Was gibt ihr das Perlen? „Es ist ein meditatives Handwerk. Man kann dabei auch einmal die ‚brutale Außenwelt' vergessen." Dann teilt sie noch ihr persönliches Credo mit uns: „Hermann Hesse hat gesagt, jeder Mensch brauche seine Freude, seine Spiele. Bei mir sind es die Glasperlenspiele." Durch Antje angeregt, arbeitet auch ihr Lebensgefährte Aemilian Feigl, Fotograf, mit Glasperlen. Da er ein gutes Händchen für Mechanisches hat, konnte er für sie schon manches diffizile Verschluss- oder andere technische Schmuckproblem lösen. Antje Grünwald stellt auf der Textile Art Berlin, 19.–20. Juni 2010, aus.

Andrea Ott ←

„Sommergold“-Kette

Design von Linda Jones, I-Perlen, Großbritannien

Wollen Sie Köpfe verdrehen? Tun Sie es mit so einer fröhlich-leichten Freestyle-Kette!

Entgegen der sonstigen präzisen Angaben beim Aufnehmen und Fädeln eines Schmuckstücks wird hier in den jeweiligen Schritten meist eine ca.-Angabe gemacht, denn diese Kette lebt von der freien Gestaltung (Freestyle). Sie erhalten auch keine Schritt-für-Schritt-Anleitung, sondern lediglich Anregungen, wie Sie so eine Sommerkette gestalten können.

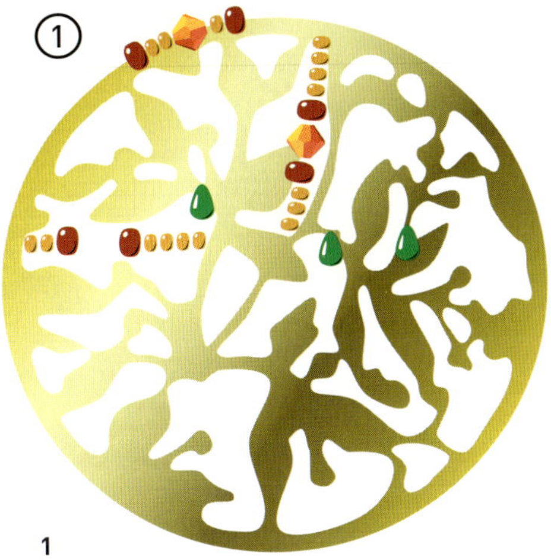

1
Wickeln Sie zuerst einige Perlen mit dem 0,32-mm-Kupferdraht auf die filigrane Metallscheibe „Frühling". Die Designerin hat hierzu KSP4-fo, einige Roc11-ht und einige Roc8-rt verwendet. Diese können Sie nach Belieben auffädeln und platzieren.

Material

Länge ca. 88 cm

9	Kristallschliffperlen 4 mm, rund, feueropal; KSP4-fo
6	Kristallschliffperlen 8 mm, rund, feueropal; KSP8-fo
3	Kristallschliffperlen 10 mm, rund, rauch topas; KSP10-rt
8	Kristallschliff-Doppelkegel 6 mm, golden shadow; KSDK6-gs
8	Achteck-Kristallschliff-Anhänger 8 mm, kristall kupfer; KSA8-kk
10	Glastropfen 10x6mm, erinite; GT10-e
10	Glastropfen 10x6mm, rot; GT10-r
3	filigrane Blätter 20x34mm, gold
1	filigrane Metallscheibe „Frühling" 60 mm, gold
4	Metallperlen 15x4,5 mm, reisförmig, vergoldet
200	Blechperlen 3x2 mm, vergoldet
2	Acryl „Disco Perle" 16 mm, hellorange; AP16-ho
3	Acryl „Disco Perle" 16 mm, braun; AP16-b
10	runde Perlen aus Sardonite-Achat 6 mm
5 g	Rocailles 11/0, transparent hell topas (TR-11-2); Roc11-ht
5 g	Rocailles 6/0, transparent hell topas (TR-6-2); Roc6-ht
5 g	Rocailles 8/0, silver-lined-rauch-topas (TR-8-34); Roc8-rt
10	Biegeringe 7 mm, gold
*3 m	Nylonfaden 0,5 mm, transparent
*50	Quetschperlen 1,3 mm, vergoldet
*3 m	Kupferdraht 0,32 mm, permanent gefärbt, gold
*3 m	Kupferdraht 0,81 mm, permanent gefärbt, gold
	Rundzange
	Flachzange
	Seitenschneider

* Hier handelt es sich um Ca.-Angaben der Designerin

2
Für die angehängte Perle, wird 1 AP16-b mit dem transparenten Nylonfaden 0,5 mm durchfädelt. Das untere Ende mit 1 Quetschperle fixieren. Etwa 14 Roc11-ht werden nun aufgefädelt, nochmals durch die AP16-b durchfädeln und wieder 14 Roc11-ht auffädeln. Dies so lange wiederholen, bis die AP16-b mit 4 Strängen Rocailles umfädelt ist. Das Ende mit einer Quetschperle fixieren. Führen Sie nochmals etwas transparenten Nylonfaden durch die AP16-b und fädeln Sie auf jede Seite 1 Quetschperle und 1 Achatperle 6 mm auf. Formen Sie an jedem Ende eine Schlaufe, indem Sie den Nylonfaden wieder zurück durch die Achat- und Quetschperle führen und dabei eine Schlaufe stehen lassen. Die Quetschperle mit einer Zange plattdrücken.

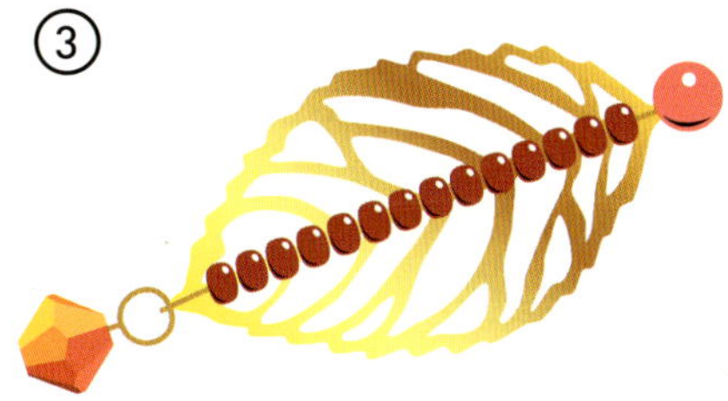

3
Für die Blätter schneiden Sie ca. 8 cm Nylonfaden zurecht und formen Sie an einem Ende eine mit 1 Quetschperle gesicherte Schlaufe. Fädeln Sie nun 1 KSP8-fo auf. Führen Sie den Nylonfaden durch das obere Loch des goldenen Filigranblattes. Es werden nun etwa 14 Roc8-rt aufgereiht, um die Blattvorderseite zu dekorieren. Der Nylonfaden wird dann durch die unterste freie Stelle des Blattes geschoben und mit Schlaufe und Quetschperle befestigt. Wiederholen Sie diesen Schritt, um die 2 Blätter auf der entgegengesetzten Seite der Kette herzustellen, nehmen Sie dort jedoch jeweils die runden Achatperlen. Das 1. Blatt wird nun am unteren Ende der Metallscheibe „Frühling" angebracht.

4
Es gibt 4 zentrale Ketten. Für die erste Kette werden 8 KSDK6-gs und die 4 Metall-Reis-Perlen mit offenen Biegeringen verbunden. Dazu schieben Sie jeweils etwas Kupferdraht 0,81 mm durch die KSDK6-gs und die Metall-Reis-Perlen und formen mithilfe einer Rundzange eine Schlaufe an jeder Seite der Perlen.

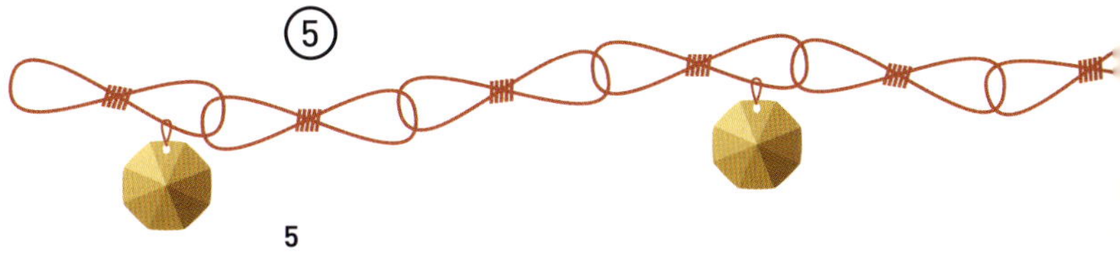

5
Die zweite Kette kann per Hand gedreht werden, und besteht aus dem Kupferdraht 0,81 mm mit den 8 KSA8-kk. Bringen Sie die KSA8-kk mit offenen Biegeringen an dem Draht an.

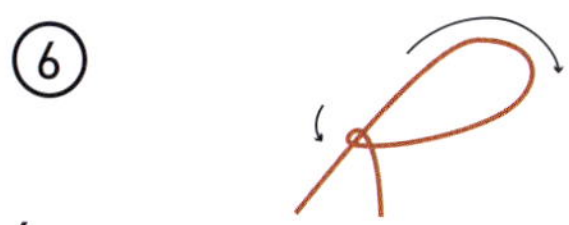

6
Arbeiten Sie dazu wie folgt direkt von der Kupferdrahtrolle: Führen Sie den Draht um die Spitzen Ihrer Rundzange, um eine Schlaufe zu formen.

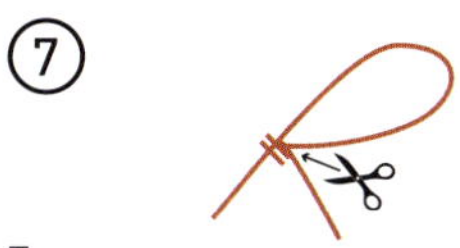

7
Wickeln Sie den Kupferdraht nun einige Male um den Stiel, damit die Schlaufe gesichert wird, und schneiden Sie das überflüssige Drahtende ab. Drücken Sie das abgeschnittene Ende mit der Flachzange fest herunter, damit es nicht absteht und man eventuell an der Kette hängen bleiben könnte.

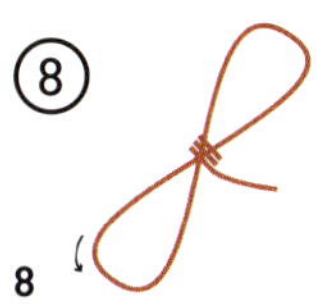

8
Legen Sie nun die Rundzange wieder am anderen Schlaufenstiel an und formen Sie mit dem Draht eine zweite Schlaufe.

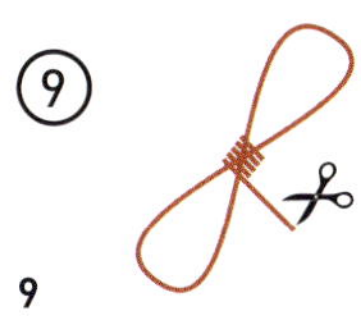

9
Wickeln Sie den Kupferdraht erneut um den Stiel, bis Sie die erste Schlaufe erreichen und schneiden Sie das überflüssige Drahtende in gleicher Weise ab.

→

→

(13)

(10)

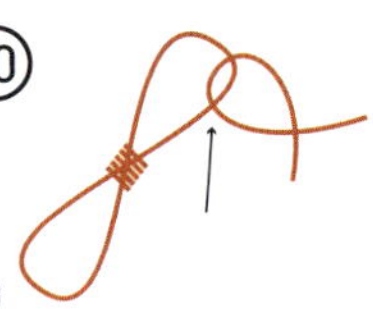

10
Um das nächste Kettenglied herzustellen, wird die erste Schlaufe durch das vorherige Glied geführt, so dass diese gleich verbunden werden.

(11)

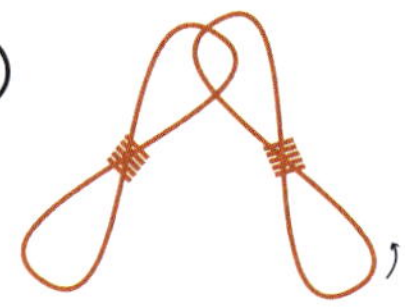

11
Wiederholen Sie die Schritte 6 bis 10.

13
Für die dritte Kette schneiden Sie 2 Nylonfäden von jeweils 30 cm Länge zurecht. Platzieren Sie nach Belieben insgesamt 6 Achatperlen, 3 KSP8-fo und alle 3 KSP10-rt. Zwischen diesen Perlen füllen Sie die Stränge mit Roc6-ht, Roc8-rt, den vergoldeten Blechperlen, GT10-e und GT10-r auf. An 2 Stellen fädeln Sie jedoch die 2 Stränge gemeinsam durch 1 AP16-ho und 1 AP16-b. Machen Sie die Perlen an beiden Enden mit einer Quetschperle fest. Die Stränge werden auf beiden Seiten abschließend mit einer beliebigen Perle zusammengebracht, und einige Roc11-ht werden auf den noch überstehenden Nylonfaden gefädelt. Haken Sie diesen auf der einen Seite als Schlaufe in die Metallscheibe „Frühling" ein, und sichern Sie die Schlaufe mit einer Quetschperle. Die andere Seite wird nach gleicher Methode mit einem offenen Biegering an einem der Blätter befestigt.

(12)

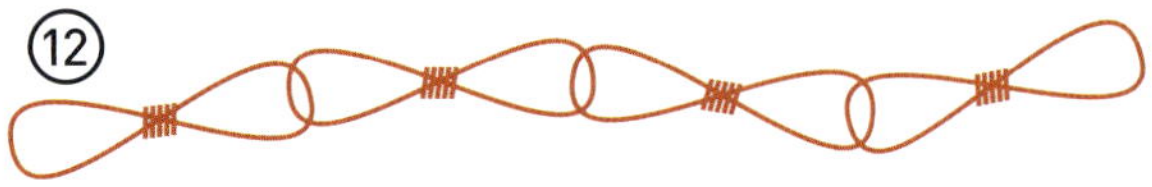

12
Wiederholen Sie alle Schritte, bis Sie die gewünschte Länge erreicht haben. Die KSA8-kk werden dann nach eigenem Ermessen mit offenen Biegeringen an die Kette gehängt.

(14)

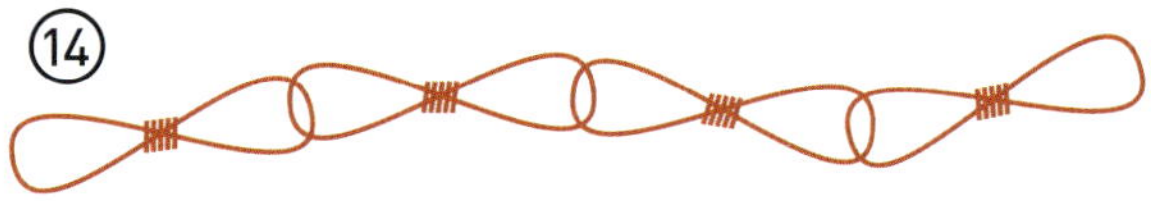

14
Die vierte Kette besteht schlicht und einfach aus Kupferdraht 0,81 mm und wird per Hand gedreht (s. Punkt 6 bis 12).

(15)

15
Umwickeln Sie jetzt 1 AP16-ho auf folgende Weise mit etwas Kupferdraht 0,81 mm.

(16)

(17)

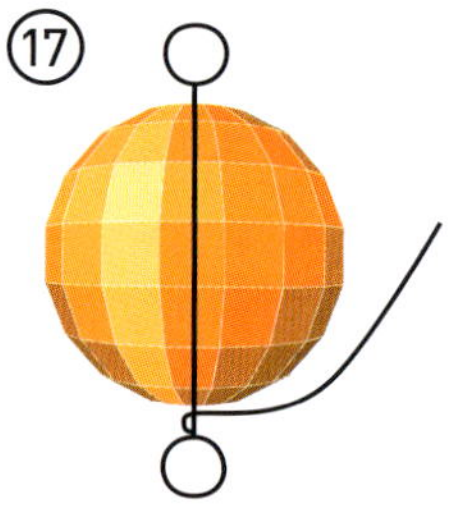

16–17
Fädeln Sie 1 AP16-ho auf den Kupferdraht 0,81 mm und formen Sie an jedem der beiden Drahtenden eine Schlaufe mit der Rundzange und wickeln Sie den Draht einige Male um den Draht herum, um ihn zu sichern.

(18)

18
Das Drahtende wird dann um die Außenseite der Perle geleitet und auf der anderen Seite wieder mit Umwicklungen festgemacht.

(18)

(19)

19
Führen Sie den Kupferdraht zurück über die Außenseite der Perle zur anderen Schlaufe und wickeln Sie ihn da fest. Schneiden Sie den Draht von der Rolle ab und glätten Sie das Ende mit der Flachzange.

(20)

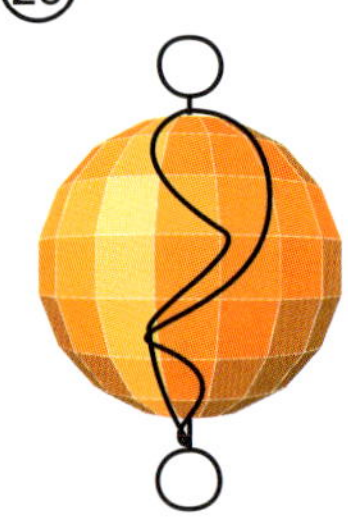

20
Mit der Rundzange kann nun der verzierende Draht auf der Außenseite der Perle gestaltet werden.

(21)

(22)

22 

21
Platzieren Sie die umwickelte Perle mit offenen Biegeringen zwischen dem bereits befestigten und dem letzten Blatt.

Für die Seiten der Kette fädeln Sie folgende Perlen auf den Nylonfaden: 10 vergoldete Blechperlen, 1 Roc8-rt, 1 vergoldete Blechperle, 1 KSP4-fo, 1 vergoldete Blechperle und 1 Roc8-rt. Die Designerin hat 5 runde KSP auf jeder Seite verwendet; aber je nach gewünschter Länge können Sie diesen Vorgang so oft Sie möchten wiederholen, und dann mit einer Quetschperle sichern.

(23)

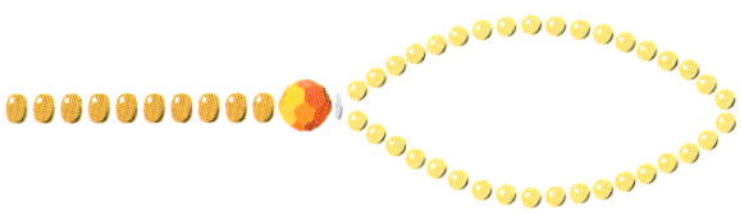

23
Für den Verschluss bringen Sie 1 KSP8-fo am Kettenende an. Fädeln Sie nun 1 Quetschperle auf, die Sie noch nicht zudrücken, gefolgt von 36 Roc11-ht. Formen Sie eine Schlaufe, indem Sie den Nylonfaden zurück durch die Quetschperle fädeln, die nun zugedrückt wird.

(24)

24
Um die entgegengesetzte Seite des Verschlusses herzustellen, fädeln Sie etwas Kupferdraht 0,81 mm durch 1 AP16-b. Bringen Sie 1 vergoldete Blechperle auf jeder Seite an und formen Sie nun Schlaufen mit der Rundzange. Befestigen Sie diese Perlen mit einem offenen Biegering auf der anderen Seite der Kette.

(25)

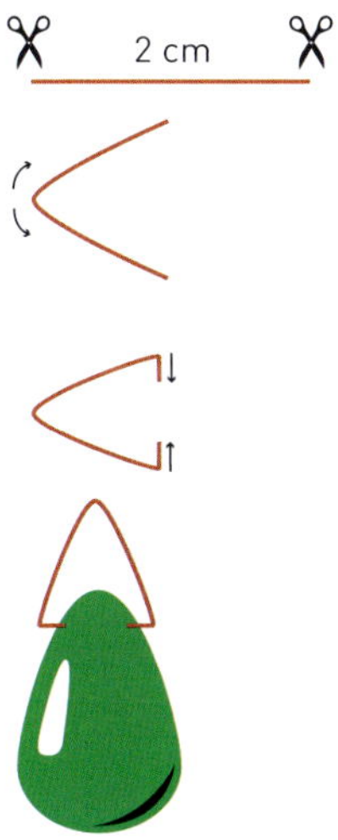

25
Abschließend können Sie 1 GT10-e mit einem offenen Biegering am Ende des Verschlusses anbringen. Arbeiten Sie dazu wie folgt: Schneiden Sie ein ca. 2 cm langes Kupferdrahtstück ab. Biegen Sie diesen zu einem „V". Kippen Sie die Enden wie in der Abb. gezeigt nach innen. Führen Sie diese Enden in die Löcher des GT10-e. Vorsichtig mit einer Flachzange diese Halterung festdrücken.

(26)

26
Wollen Sie noch mehr Farbe in die Kette hineinbringen, können Sie die Metallscheibe mit weiteren GT10-e schmücken. Unsere Anleitung soll Ihnen behilflich sein, das Grundgerüst einer Kette herzustellen, lässt Ihnen jedoch künstlerische Freiheit in Hinsicht auf Perlenwahl und Kettenlänge. Viel Spaß!

←

Häkelkette „Schwarz-Weiß"

Design von Antje Grünwald, Österreich

Spiel mit Kontrasten in Form und Farbe. Die weiche Kette mit den sich windenden Linien bildet einen Kontrapunkt zu den Quadraten. Da guckt man genauer hin!

Material

Länge offen ca. 48 cm

40 g	Rocailles 15/0, weiß (TR-15-41)
45 g	Rocailles 15/0, schwarz (TR-15-49)
1	Rolle Quiltgarn, weiß
	Häkelnadel Stärke 0,6
1	Magnetzylinderverschluss 10 mm

①

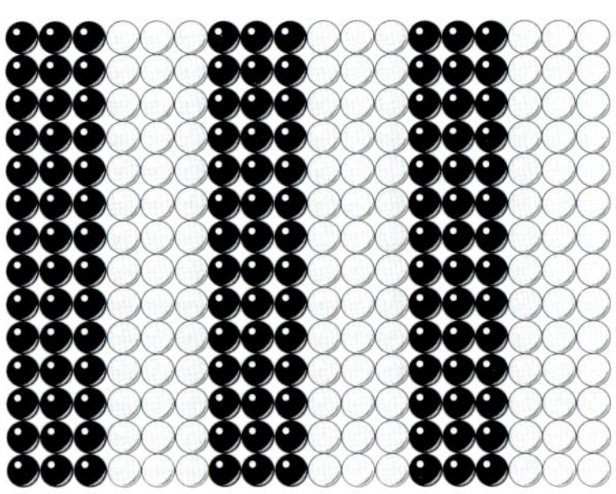

Zählmuster 1

Die Perlen nach den jeweiligen Zählmustern auf das Quiltgarn fädeln. Gefädelt wird Perle für Perle von links nach rechts, zeilenweise **von unten nach oben**. Den Faden anschließend nicht abschneiden!

18 Luftmaschen ohne Perlen anschlagen und mit einer Kettmasche zur Runde schließen. 0,5 cm in der Höhe feste Maschen ohne Perlen häkeln. Dieser Teil wird in den Verschluss geklebt.

Die Autorin empfiehlt, die einzelnen Musterrapporte nicht in einem Stück aufzufädeln, sondern Sequenz für Sequenz. Dazu den Faden 10 cm nach einer Sequenz abschneiden. Die nächste Sequenz wie oben beschrieben auffädeln und neu anhäkeln. Die beiden Fadenenden dicht an den Perlen fest verknoten und in den Schlauch ziehen.

②

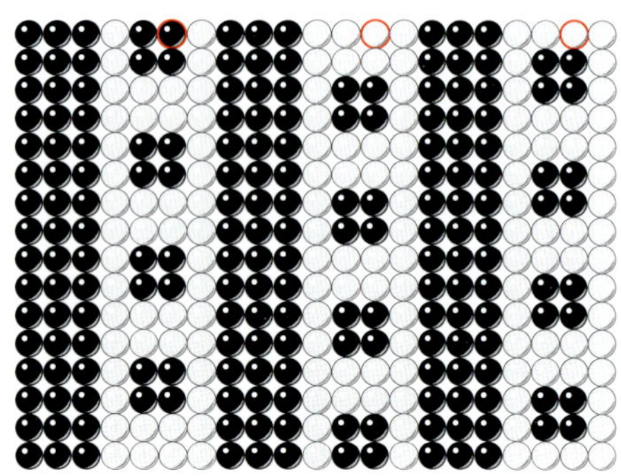

Zählmuster 2

Die Perlen mit der roten Umrandung kennzeichnen die Zunahmestellen. Dort werden 2-mal je 1 Perle in die feste Masche der Vorrunde gehäkelt.

③

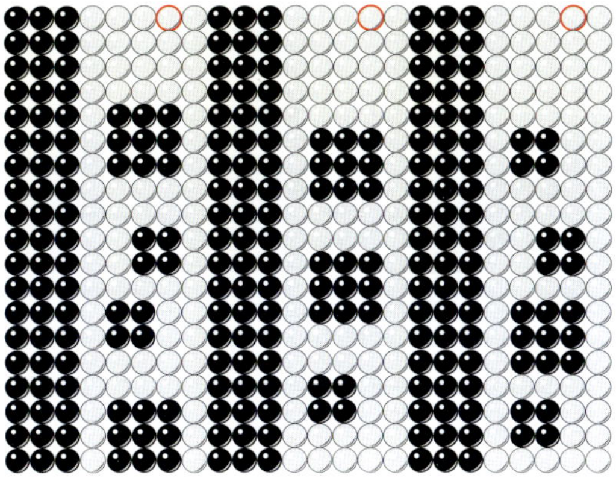

Zählmuster 3

④

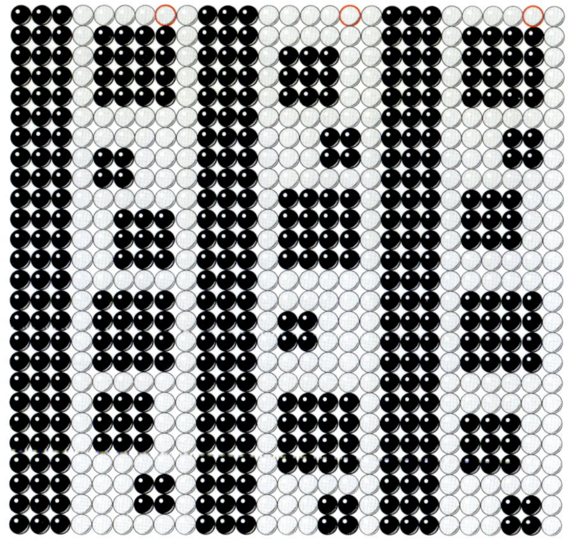

Zählmuster 4

⑤

Zählmuster 5

⑥

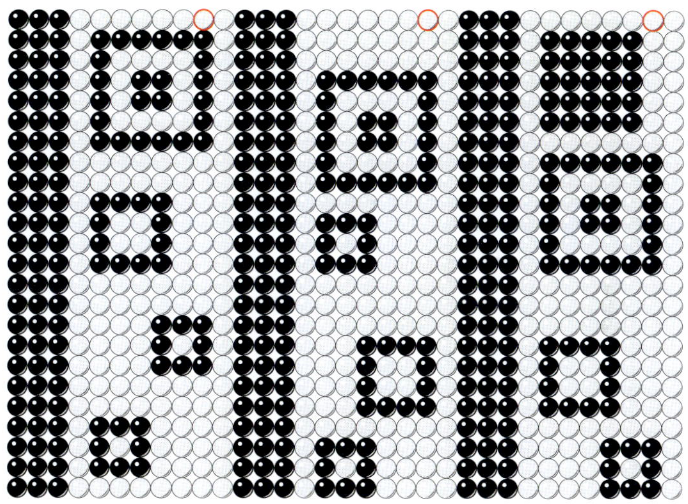

Zählmuster 6

⑦

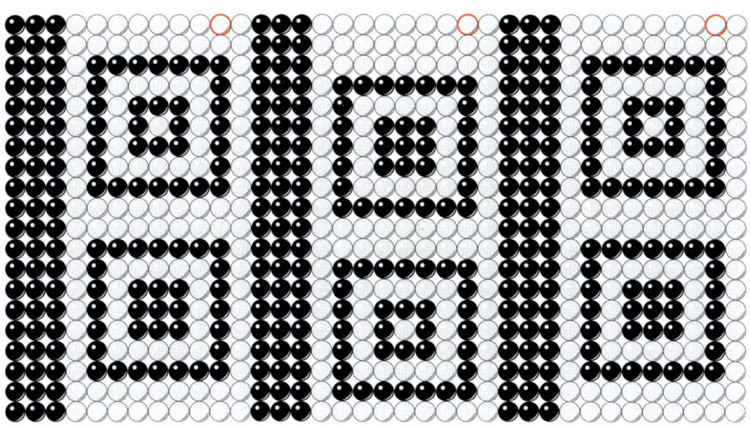

Zählmuster 7
Diesen Musterabschnitt 5-mal auffädeln und abhäkeln. Sie haben jetzt die Hälfte geschafft. Nun nach Abbildung der Zählmuster rückwärts, d. h. 6, dann 5, 4, 3, 2, 1, arbeiten. Die Zunahmen werden zu Abnahmen, indem eine feste Masche der Vorrunde ausgelassen wird.

Fertigstellung
Die Kettenenden ohne Perlen in den Zylindermagnetverschluss kleben.

„Pandoras Necklace“

Design von Jill Devon, Großbritannien

Die Kette ist in Schlauch-Herringbone gearbeitet. Die geperlten Ringe in Cubic-RAW verleihen dem Schmuckstück das gewisse Etwas.

Material

Kette 51 cm

20 g	Zylinderperlen 11/0, midnight purple lustre (DB135); ZP11-p
40 g	Rocailles 8/0, lilac opal/alabaster silver-lined (574); Roc8-l
8 g	Tropfen 3 mm, tr. color-lined, Mischung von 3 Farben, z. B. DPF1, DPF5, und DPF20; T3
8 g	Rocailles 15/0, Mischung von 3 Farben z. B. 143fr, 269, 2202; Roc15
2 g	Rocailles 11/0 (Miyuki 230); Roc11-
1	Rivoli 14 mm, lt. Purple; R14-p
1	Briolette-Tropfen 11 mm, lt rose; BT11-r
	synthetischer Faden, (Nymo „B" oder KO Thread „0")
	Nadel Stärke 12 oder 13

1
Tipp: Alle Fäden sofort vernähen, um sauberes Arbeiten zu ermöglichen. Innerhalb eines Arbeitsschrittes einen alten und neuen Faden mit einem Overhand-Knoten verbinden, wie schematisch dargestellt, und die Fadenenden vernähen.

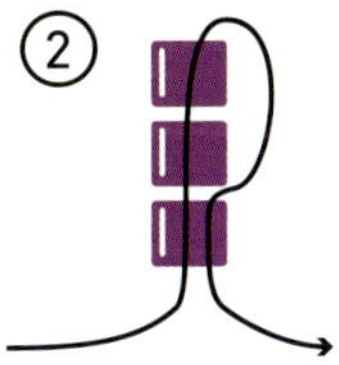

2
3 ZP11-p aufnehmen. Durch die 1. ZP11-p zurückfädeln.

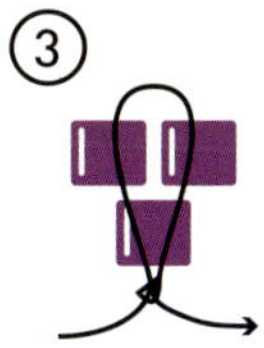

3
Fäden verknoten.

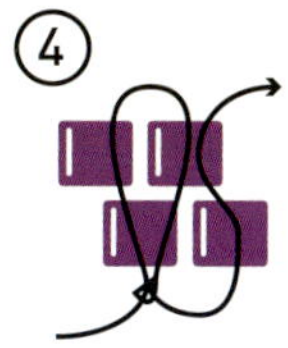

4
1 ZP11-p aufnehmen und durch die 2. ZP-11-p aus Schritt 1 fädeln.

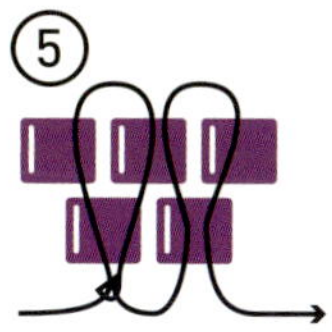

5
1 ZP11-p aufnehmen und durch die im vorherigen Schritt aufgenommene ZP11-p fädeln.

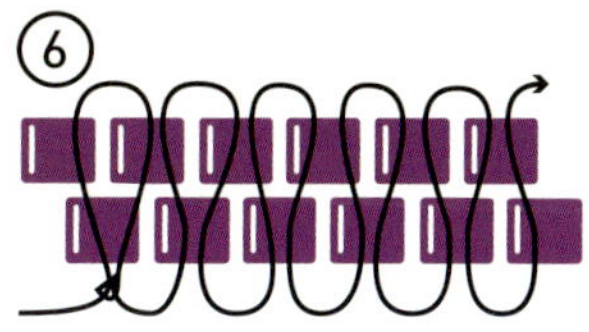

6
Diese Schritte wiederholen, bis 12 Perlen gefädelt sind.

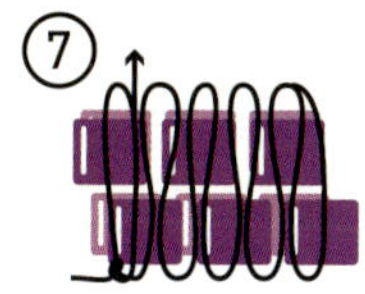

7
Anfangs- und Endperlen zusammenfädeln, um einen Schlauch zu bilden.

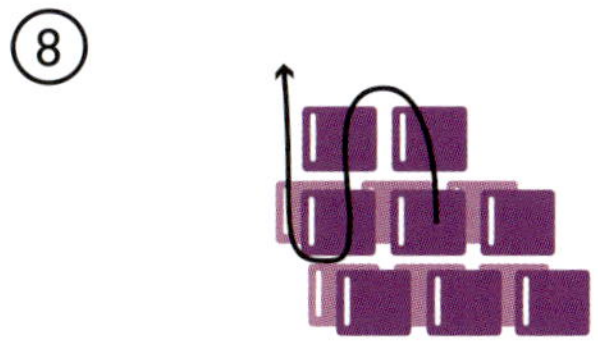

8
Schlauch-Herringbone: Aus einer der oberen Perlen herausfädeln. *2 ZP11-p aufnehmen, nach unten durch die nächste ZP11-p der Vorrunde fädeln. Durch die danebenliegende ZP11-p der Vorrunde wieder nach oben fädeln. Ab *2-mal wiederholen. 1 Aufschritt arbeiten, indem aufwärts durch die untere Perle und die zuerst gefädelte Perle dieser Reihe gefädelt wird. Die 1. Reihe ist beendet. Auf diese Weise 2 weitere Reihen fädeln.

Muster
9
1 Roc8-l und 1 ZP11-p auffädeln und im Herringbone-Stich arbeiten. 2-mal wiederholen. Aufschritt arbeiten. In der darauf folgenden Runde je 1 ZP11-p und 1 Roc8-l arbeiten. Danach in jeder der folgenden Runden diese Perlenpaare abwechseln.

Tipp: Es ist einfacher, für jede Runde die Roc8-l auszuzählen – damit vermeidet man ein Verzählen.

Dieses Muster 12,5 cm fädeln. Danach 5 Runden nur mit ZP11-p fädeln. Die Kettenlänge sollte nun bis zum seitlichen Hals reichen, bis dort wo später der 1. RAW-Ring befestigt wird. Das Muster weitere 6 cm arbeiten. In diesem Abschnitt kann die Kette, falls gewünscht, verkürzt werden. Dann 5 Runden mit ZP11-p fädeln. 2 cm das Muster (in diesem Abschnitt kann die Kette ebenfalls, falls gewünscht, verkürzt werden) und 5 Runden mit ZP11-p fädeln. Wieder 2 cm das Muster und weitere 5 Runden mit ZP11-p fädeln. Das Muster 12,5 cm weiterfädeln und gegengleich zum Kettenanfang beenden.

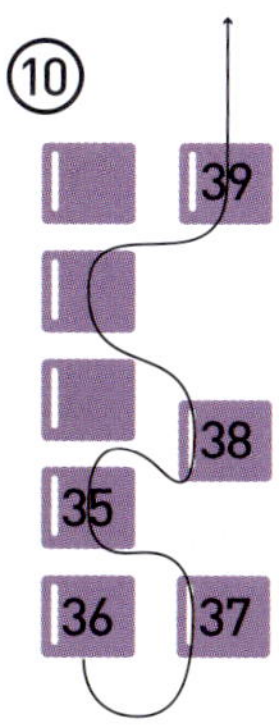

Toggle Ring
10
Peyote: 1 Stopperperle befestigen. 37 Roc15 aufnehmen und zurück durch die 35. Roc15 fädeln. 1 Roc15 aufnehmen und durch die übernächste, also die 33. Roc15, fädeln. Auf diese Weise bis zur ersten Roc15 fädeln und aus ihr herausfädeln. Auf feste Fadenspannung achten.
Tipp: Um den Peyote-Streifen zu fädeln, nimmt man Perlen auf, wickelt das Fadenende fest um den Zeigefinger, hält die Perlen zu sich hin, um Fadenspannung zu erzeugen. Nicht loslassen, bis das ganze Stück gefädelt ist.

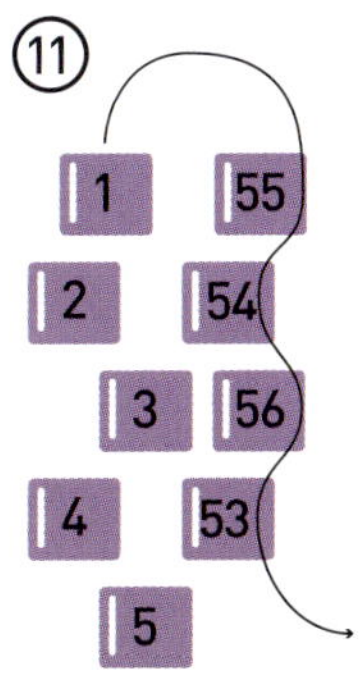

11
Rückreihe:1 Roc15 aufnehmen und durch die 54. Roc15 fädeln. 1 Roc15 aufnehmen und durch die nächste hochstehende Perle fädeln. Die Reihe auf diese Weise beenden. Es entstehen 3 Reihen in einem Ziegelsteinmuster.

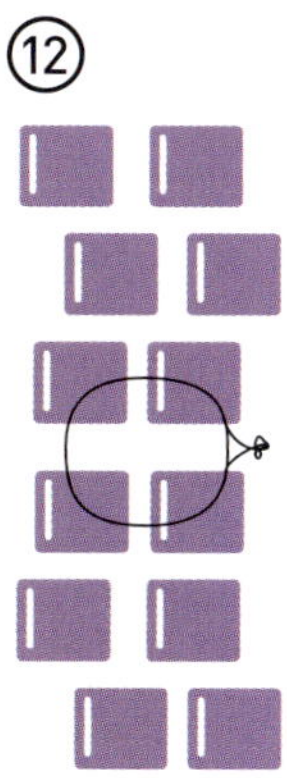

12
Anfang und Ende des Perlenstreifens aneinanderhalten (Endperlen Rand an Rand), um einen Kreis zu bilden. Durch die 4 Endperlen fädeln (s. Abb. 12). Stopperperle entfernen. Fäden verknoten. Die Perlen sollen aneinander liegen.

→

(13)

13
Durch die nächstmögliche Roc15 fädeln und aus einer hervorstehenden Roc15 herausfädeln. Mit ZP11-p weiterfädeln: 1 ZP11-p aufnehmen, durch die nächste hochstehende Roc15 fädeln. Rundum bis zum Ende der Runde wiederholen, dabei auf feste Fadenspannung achten. Aufschritt. Danach eine weitere Runde mit ZP11-p fädeln. Durch die zuerst gefädelten ZP11-p und Roc15 auf die gegenüberliegende Seite des Rings fädeln. Auf feste Fadenspannung achten. Der Ring beginnt sich nach außen zu biegen. 2 Runden mit ZP11-p fädeln, danach 2 weitere Runden mit Roc11. Die beiden Seiten zusammenzippen. Die Herringbone-Kette an einem Ende leicht zusammendrücken und den Toggle-Ring annähen.

Toggle
14
3 ZP11-p aufnehmen und Abbldungen 1–6 folgen, bis 8 Perlen gefädelt wurden. Schritt 7 arbeiten. Schlauch-Herringbone mit ZP11-p über 12 Runden fädeln. Durch die letzte Runde ein 2. Mal fädeln. Durch das Toggle-Innere auf die Anfangsseite zurückstechen.
1 T3 aufnehmen und durch eine am Ende herausstehende ZP11-p fädeln. 1 ZP11-p, 3 Roc15 und 1 ZP11-p aufnehmen und durch eine am Ende herausstehende ZP11-p fädeln. Aufwärts durch die nächste ZP11-p fädeln. 1 ZP11-p und 3 Roc15 aufnehmen und zurück durch die vorherige ZP11-p sowie die ZP11-p des Toggle fädeln. Beide Pickots der 3 Roc15 passen in die gleiche ZP11-p. Weiter durch die nächste ZP11-p und die obere ZP11-p fädeln (wie zuvor). 3 Roc15 und 1 ZP11-p aufnehmen und nach unten durch die nächste ZP11-p fädeln. Aufwärts durch die nächste ZP11-p fädeln sowie durch die 1. ZP11-p dieser Runde. 3 Roc15 aufnehmen und nach unten durch die ZP11-p fädeln, um diese Runde zu beenden. Mit der Nadel innen durch den Toggle auf die andere Seite fädeln und dort gegengleich fädeln.
Nun wird der Toggle stabilisiert: Durch 1 Endperle nach unten stechen, 1 Roc15 aufnehmen und nach oben durch die nächste ZP11-p fädeln. Durch die nächste Perle nach unten fädeln, 1 Roc15 aufnehmen und nach oben durch die nächste ZP11-p fädeln. Hinüber zur nächsten ZP11-p fädeln, dann nach unten fädeln, dann den Aufschritt arbeiten.
*1 Roc15 aufnehmen und aufwärts durch die nächste ZP11-p fädeln. Die Roc15 sollte direkt unter der Roc15 sitzen, die zuvor gefädelt wurde. 1 Roc15 aufnehmen und nach unten durch die nächste ZP11-p fädeln. Die Roc15 sollte direkt unter der Roc15 sitzen, die zuvor gefädelt wurde. 1 Roc15 aufnehmen und hinüber zur nächsten ZP11-p fädeln, durch sie nach unten fädeln. Wieder sitzt die Roc15 direkt unter der Roc15, die zuvor gefädelt wurde. Mit der Nadel durch das Toggle-Innere fädeln bis zur Mitte. Die Herringbone-Kette am anderen Ende leicht zusammendrücken und an den Toggle fädeln.

(14)

Beaded Rings
Die Basis der Ringe wird in flachem RAW gefädelt, dann dekoriert und mit Cubic RAW befädelt, um Tiefe zu vermitteln. Die Ringe haben jeweils ihre eigene Struktur und Seiten, nur der große, mittlere Ring hat einen terrassenförmigen Abschluss an jeder Seite. **Tipp:** Der Fadenverlauf ist kreisförmig und folgt den Seiten eines Quadrates oder einer „Zelle/Wabe". Gefädelt wird von einer Zelle zur nächsten, verwendet werden jeweils die Randperlen der einen Zelle auch für die nächste Zelle. Unwichtig ist, wie viele Randperlen eine Zelle hat, es ist immer das gleiche Prinzip. Jede Zelle behält ihre Vollständigkeit, auch wenn sie sich die Randperlen der nächsten Zelle „borgt".

(15)

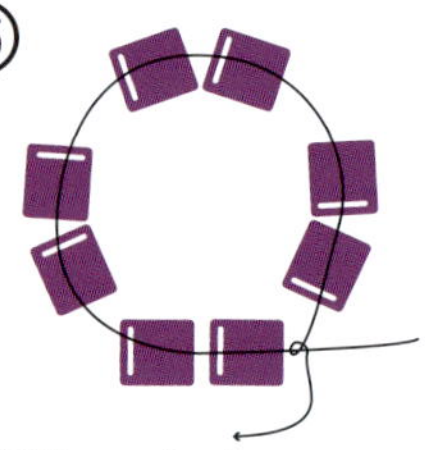

15
8 ZP11-p aufnehmen, noch einmal hindurchfädeln und Fäden verknoten. Weiter durch 6 Perlen fädeln und aus den oberen beiden ZP11-p herauskommen.

(16)

16
*6 ZP11-p aufnehmen und durch die beiden letzten ZP11-p aus der 1. Zelle fädeln. Weiter durch 4 ZP11-p fädeln. Ab * insgesamt 5 Zellen fädeln.

Tipp: Die Anzahl ist auf feste Fädler abgestimmt. Falls lockerer gefädelt wird, reichen insgesamt 4 Zellen. Falls nach der 3-D-Befädelung festgestellt wird, dass der Ring zu klein ist, kann eine weitere Zelle angefädelt werden. Das ist besser als zu viele Zellen, was den Ring zu groß machen würde. Die Zellen selbst sollten eckig aussehen mit 2 Perlen an jeder Quadratseite.

(17)

17
*1 ZP11-p aufnehmen und diagonal durch die 2 gegenüberliegenden ZP11-p fädeln. Ab * wiederholen, bis die gesamte Zellenreihe durchfädelt wurde. Beachten: Immer in der gleichen diagonalen Richtung wie bei der 1. Zelle fädeln.

(18)

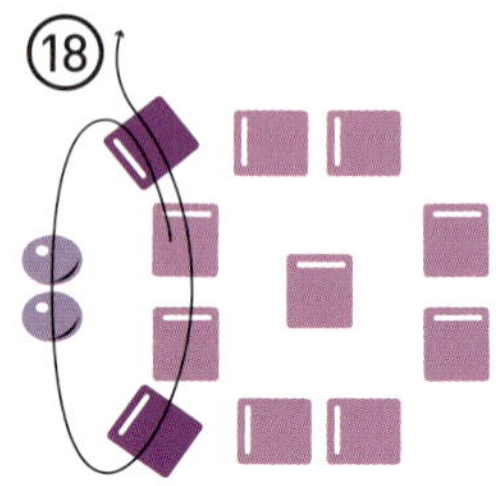

18
Start des 3-D-RAW: 1 ZP11-p, 2 Roc15 und 1 ZP11-p aufnehmen. Durch die 2 linken ZP11-p der 1. Zelle fädeln sowie durch die eben zuerst aufgenommene ZP11-p.

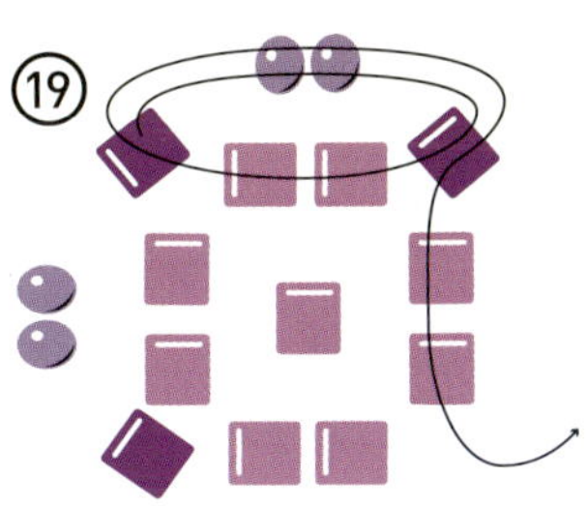

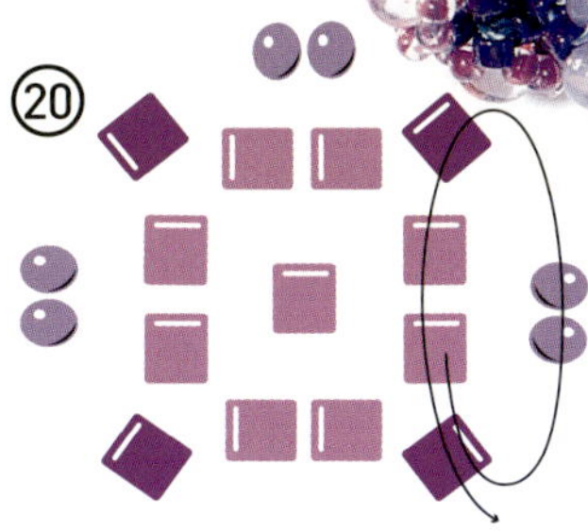

19
2 Roc15 und 1 ZP11-p aufnehmen. Durch die 2 oberen ZP11-p der 1. Zelle sowie durch die eben aufgenommenen ZP11-p, die Roc15 und ZP11-p fädeln sowie die 2 ZP11-p aus der 1. Zelle (3. Zellenseite).

20
1 ZP11-p und 2 Roc15 aufnehmen. Durch die ZP11-p aus dem vorherigen Schritt, den beiden ZP11-p aus der 1. Zelle und der eben aufgenommenen 1. ZP11-p fädeln.

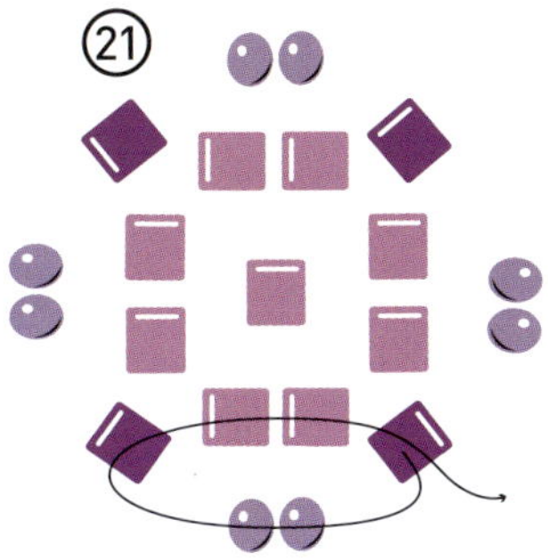

21
3 Seiten einer Zelle sind bestückt. 2 Roc15 aufnehmen. Durch die 1. ZP11-p der 1. Seite fädeln. Weiter durch die ZP11-p der 1. Zelle und der ZP11-p der 3. Seite. Darauf achten, dass alle Roc15 oben sitzen. Die Befädelung zwingt das flache RAW dazu, sich zu wölben. Alle Zellen des flachen RAW auf diese Art befädeln. Den noch offenen RAW-Ring um eine der dünneren Stellen der Herringbone-Kette legen und mit einer flachen RAW-Zelle verbinden, die danach ebenfalls befädelt wird. Fadenenden vernähen und abschneiden. Diese Ringe an allen dünneren Teilen des Herringbone-Schlauchs befestigen außer am vorderen Mittelstück.

Beaded Tube
Wenn Sie einen noch größeren Anhänger verwenden möchten, könnten Sie die geperlte Röhre dramatischer gestalten.

22
RAW: Mit ZP11-p 4 Zellen wie bei den Beaded Rings fädeln. An der 4. Zelle wenden, dazu seitlich durch 2 ZP11-p fädeln. 6 ZP11-p aufnehmen, erneut durch die beiden ZP11-p der 4. Zelle fädeln sowie noch einmal durch die 6 ZP11-p.

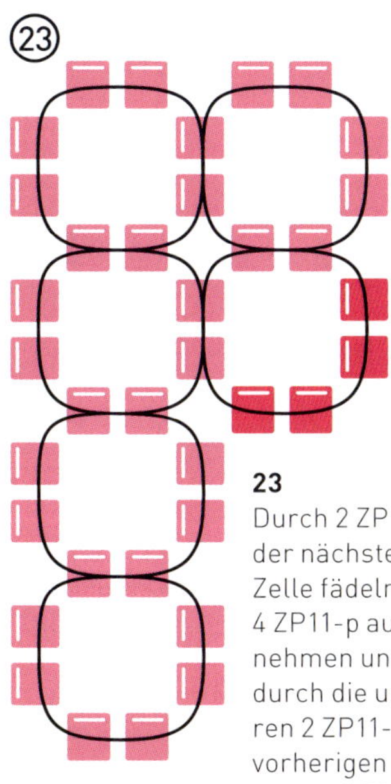

23
Durch 2 ZP11-p der nächsten Zelle fädeln. 4 ZP11-p aufnehmen und durch die unteren 2 ZP11-p der vorherigen Zelle, den 2 ZP11-p der nebenliegenden Zelle und den nächsten unteren 2 ZP11-p dieser Zelle fädeln.

24
4 ZP11-p aufnehmen und Schritt 23 wiederholen.

25
4 ZP11-p aufnehmen und Schritt 24 wiederholen. Dies wiederholen, bis die Basis 8 Reihen mit je 4 Zellen beinhaltet. →

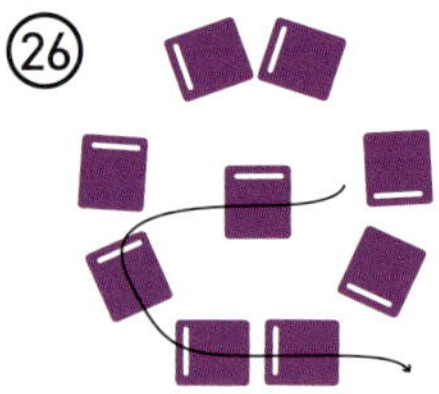

26
Wie in Schritt 17 erklärt, an einer Ecke beginnend 1 ZP11-p aufnehmen (man benötigt 36 Perlen) und im Diagonalstich fädeln.

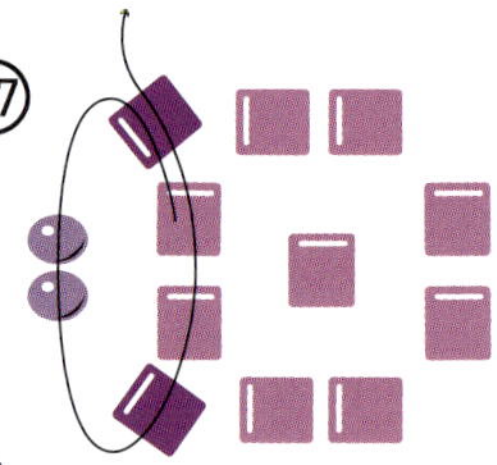

27
Wie in Schritt 18 erklärt, diese Basis mit 3-D-RAW befädeln. Bevor dieses Mittelteil zusammengefädelt wird, muss der Anhänger befestigt werden. Dann kann der große Ring um den mittleren dünneren Teil des Herringbone-Schlauchs herum zusammengefädelt werden.

Beaded-Oktagon-Anhänger
Diese Anleitung kann sowohl für einen 14 mm-Rivoli als auch einen Oktagon verwendet werden.

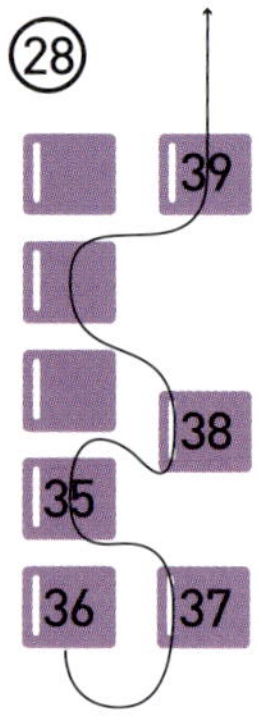

28
Peyote: 37 ZP11-p aufnehmen. Fadenende festhalten, indem es um den Finger gewickelt wird; eine Stopperperle kann auch verwendet werden. Zurück durch Perle 35.
1 ZP11-p aufnehmen und durch Perle 33 fädeln. Die Reihe in dieser Weise beenden.

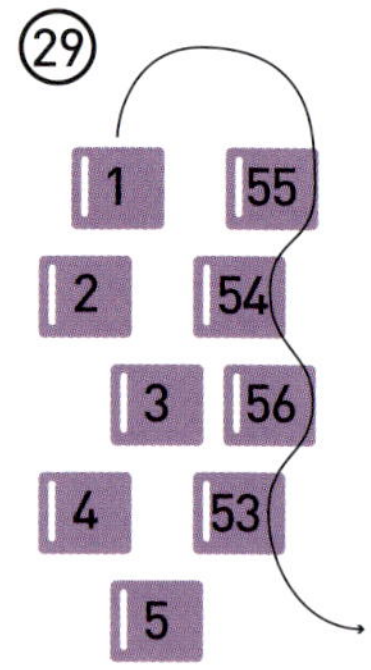

29
1 ZP11-p aufnehmen und durch Perle 54 fädeln. 1 ZP11-p aufnehmen und durch die nächste hervorstehende Perle fädeln. Reihe in dieser Weise beenden.

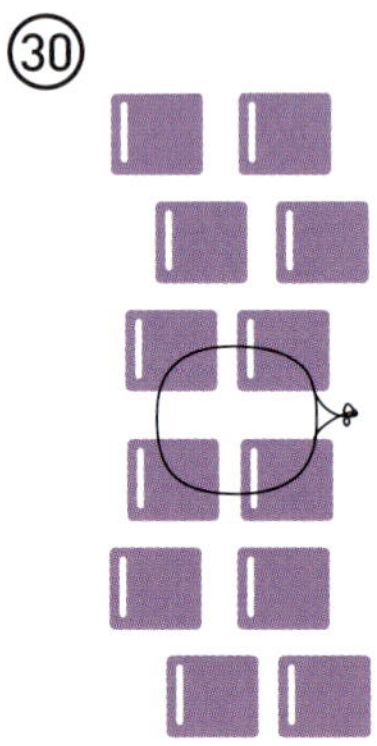

30
2 Reihen sind beendet. Wie in Schritt 12 beschrieben, die Enden aneinanderfädeln. Darauf achten, dass die Perlen gleichmäßig aneinanderliegen. Falls verwendet, die Stopperperle nun entfernen. Fadenenden verknoten.
*Durch die nächste hochstehende ZP11-p herausfädeln. 1 Roc15 aufnehmen und durch die nächste ZP11-p fädeln. In dieser Weise rundum fädeln. Auf feste Fadenspannung achten. Aufschritt durch die zuerst gefädelte Perle.

Tipp: Nicht ganz so ebenmäßig wie gewohnt arbeiten. Die 15/0-Perlen müssen stark angezogen werden und sollen den Kristall einfassen. Ab der 2. Reihe wird dies ersichtlich.
Eine weitere Reihe mit Roc15 fädeln, dabei auf feste Fadenspannung achten, so dass sich die Fassung leicht nach innen zieht. Aufschritt. Nächste Reihe Abnahme: 1 ZP11-p aufnehmen und durch die nächsten 2 Roc15 fädeln. Die Runde in dieser Weise beenden, insgesamt 9x. Durch 1 Roc15 und 1 ZP11-p fädeln, um auf die gegenüberliegende Seite des Stücks zu gelangen. Den Kristall in die Mitte des Fädelteils legen und ab * wiederholen. Durch die Perlen zur Mitte fädeln (Oktagonloch), um den Tropfen zu befestigen. Auch in dieser Weise fädeln, wenn ein Rivoli verwendet wird.
2 Roc15, 1 ZP11-p und 2 Roc15 aufnehmen. Durch den Tropfen oder Briolette fädeln. 2 Roc15, 1 ZP11-p und 2 Roc15 aufnehmen und durch eine ZP11- p am Kristall fädeln. Das Ganze zur Festigung erneut durchfädeln. Faden verknoten, Enden verstechen und abschneiden.
Mit einem neuen Faden und ZP11-p (4 Perlen breit) einen Toggle fädeln, insgesamt 5 Reihen. 3 Reihen mit Roc8-l fädeln, weitere 2 Reihen mit ZP11-p.
*An einem Ende dieser Rolle eine weitere Reihe mit ZP11-p fädeln. Dann eine Reihe mit 3 Perlen, so dass die nächste Perle mittig sitzt. Durch die Mitte der Rolle auf die andere Seite fädeln und ab * wiederholen. Aus der letzten mittleren Perle herausstechen und durch das Loch des Oktagons fädeln sowie durch die mittlere Perle auf der anderen Seite der Rolle.

Tipp: Den Faden sehr vorsichtig anziehen, da die Ränder des Oktagons scharfkantig sind. Die letzten mittleren Perlen der Rolle zusätzlich an den Perlen der Einfassung annähen. Falls ein Rivoli verwendet wird, die Perle jeweils vorn und hinten am „Beaded Bezel“ (geperlte Einfassung) annähen. Innen durch die Rolle fädeln, mittig herausstechen und an das große Mittelteil fädeln. Das Mittelteil an der mittleren dünnen Stelle des Herringbone-Schlauchs befestigen. Alle losen Fäden verstechen und Enden abschneiden.

Design von Gillian Lamb, Großbritannien

„Delightful Diamonds Bracelet“

Das Armband besteht aus einem sich wiederholenden Fädelmotiv, das die Designerin „Lozenge Stitch“ nennt. Die gewünschte Länge kann durch einfache Aneinanderreihung erreicht werden.

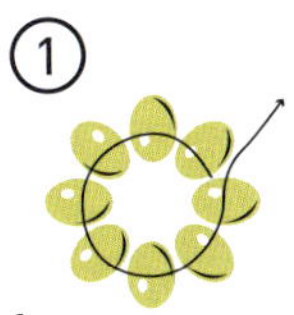

1
8 Roc8-g aufnehmen und bis ca. 15 cm vor das Fadenende schieben. Fäden verknoten.

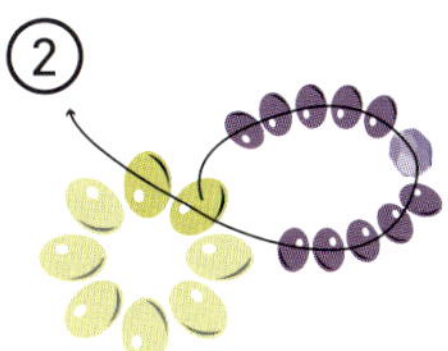

2
Durch 1 Roc8-g fädeln. 5 Roc11-sa, 1 GS4-m und 5 Roc11-sa aufnehmen. Eine Schlaufe auf folgende Weise arbeiten: Im Kreis durch die Roc8-g und weiter durch die nächste Roc8-g fädeln.

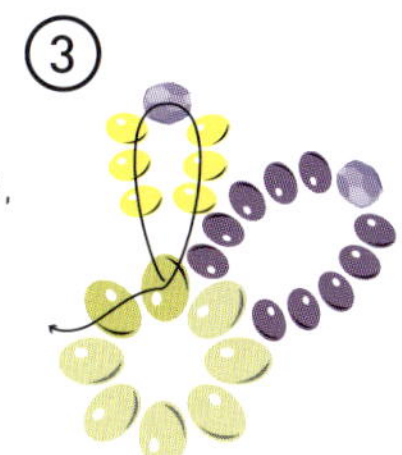

3
3 Roc11-lg, 1 GS4-m und 3 Roc11-lg aufnehmen. Wieder eine Schlaufe durch die Roc8-g und die folgende Roc8-g fädeln. Auf feste Fadenspannung achten.

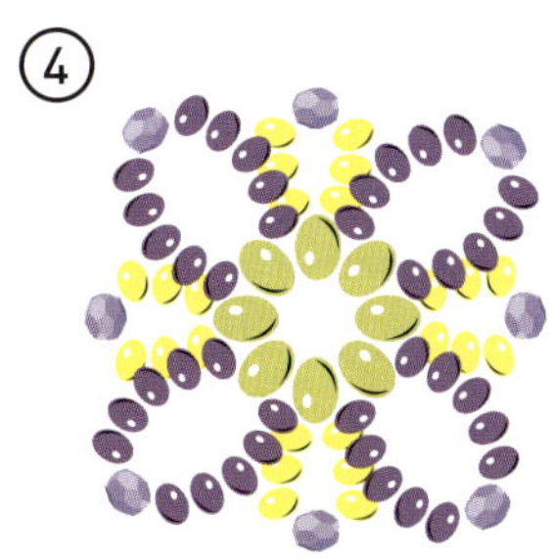

4
Schritte 2 und 3 rund um den 1. Perlenkreis wiederholen. Zum Schluss weiter durch 2 Roc8-g aus dem 1. Kreis fädeln. Die größeren Schlaufen nach vorn ziehen, die kleineren Schlaufen nach hinten drücken. Den inneren Perlenkreis festhalten und die Fäden der Schlaufen noch einmal nachziehen.

→

Material

für eine Gesamtlänge von 17 cm

10 g	Rocailles 11/0, transparent smoky amethyst; #11-142 (Roc11-sa)
10 g	Rocailles 11/0, silver lined light gold; Miyuki seed; #11-2 (Roc11-lg)
5 g	Rocailles 8/0, silver lined gold, oder Triangle Bead; #08-1102 (Roc8-g)
100	Glasschliffperlen 4 mm - Mauve (GS4-m)
8	Crystal Bicone 4 mm; Lt Topaz (CB4-lt)
24	Crystal Bicone 3 mm; Lt Topaz (CB3-lt)
1	Briolette Drop 7x4 mm; für die Blumenmitte
	synthetischer Faden
	Nadel Stärke 12

(5)

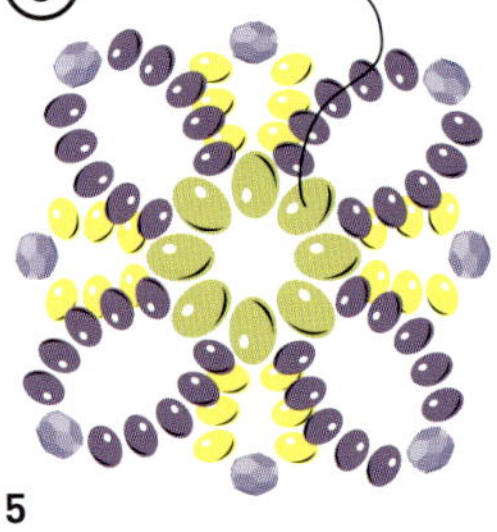

5
Durch 4 Roc11-sa einer großen Schlaufe herausfädeln.

(6)

6
Im Bogen, s. Abb. 6, von oben nach unten durch 3 Roc11-lg, 1 Roc8-g und von unten nach oben durch 3 Roc11-lg aus der kleineren Schlaufe fädeln. Darauf achten, dass hierbei die größeren Schlaufen im Vordergrund bleiben und die kleineren Schlaufen hinten liegen.

(7)

7
Von oben nach unten durch 4 Roc11-sa der nächsten großen Schlaufe und weiter durch 1 Roc8-g aus dem ersten Perlenkreis und von unten nach oben durch 4 Roc11-sa der großen Schlaufe fädeln. Bitte beachten, dass kein Faden zwischen den Perlenschlaufen zu sehen ist und immer die feste Fadenspannung eingehalten wird. Die Schritte 6 und 7 rundum wiederholen.

(8)

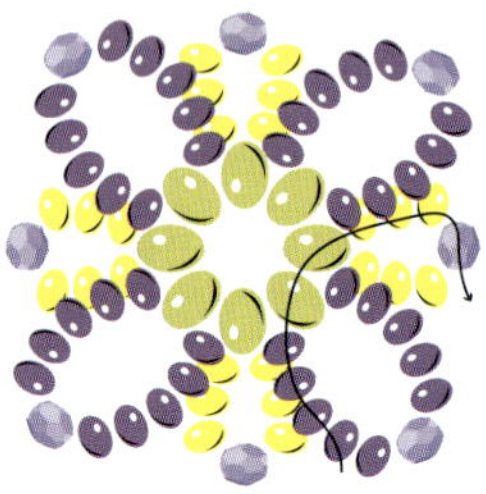

8
Aus der GS4-m einer kleinen Schlaufe herausfädeln. Das bisher gefädelte Teil nicht flachdrücken, es sollte ein 3-D-Aussehen haben.

(9)

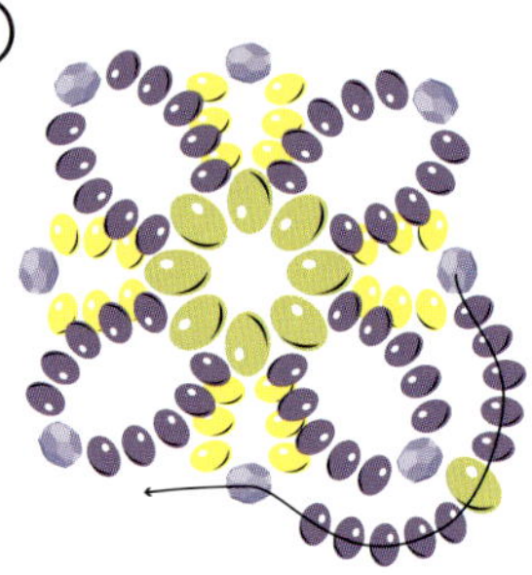

9
5 Roc11-sa, 1 Roc8-g und 5 Roc11-sa aufnehmen, durch die GS4-m der folgenden kleinen Schlaufe fädeln. Dies rundum wiederholen und aus einer GS4-m herausfädeln. Anmerkung: Wenn die Schlaufen nicht groß genug sind, um sich wie in Abb. 10 zu legen, dann 6 Roc11-sa, 1 Roc8-g und 6 Roc11-sa fädeln.

(10)

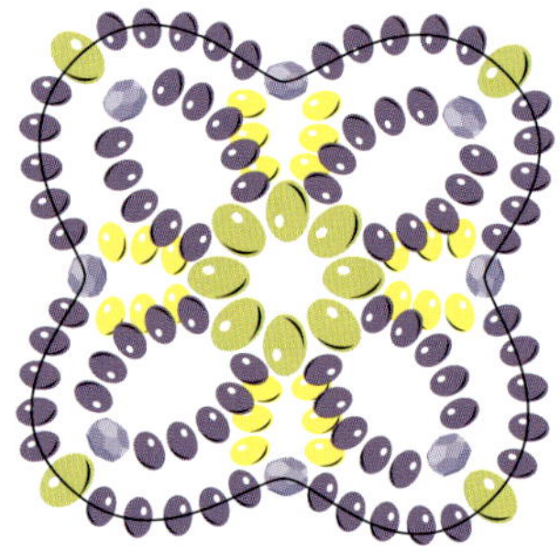

10
Nochmals komplett durch alle Perlen der vorherigen Runde fädeln, dabei die Roc8-g auslassen. Auf feste Fadenspannung achten und gegebenenfalls die Roc8-g in den Ecken ausrichten.

(11)

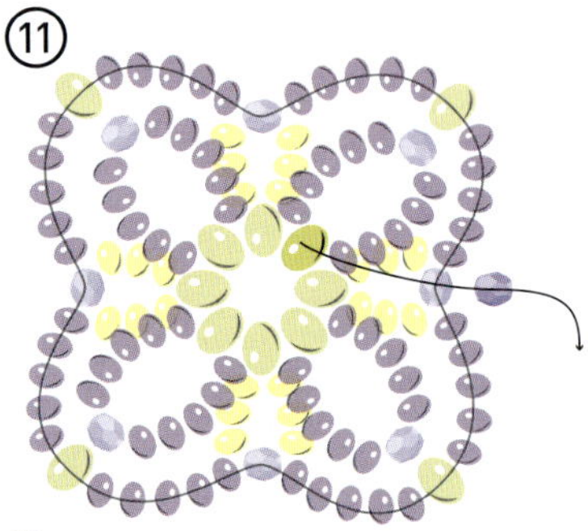

11
Durch eine Schlaufe in den 1. Kreis zurückfädeln und aus einer Roc8-g herausfädeln. 1 GS4-m aufnehmen.

(12)

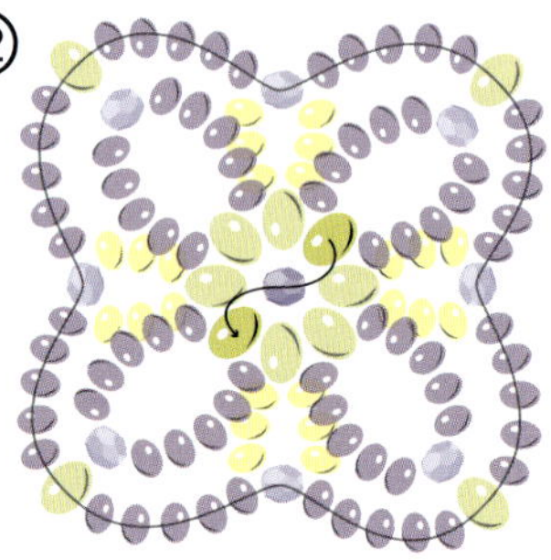

12
Durch die gegenüberliegende Roc8-g des 1. Kreises fädeln.

(13)

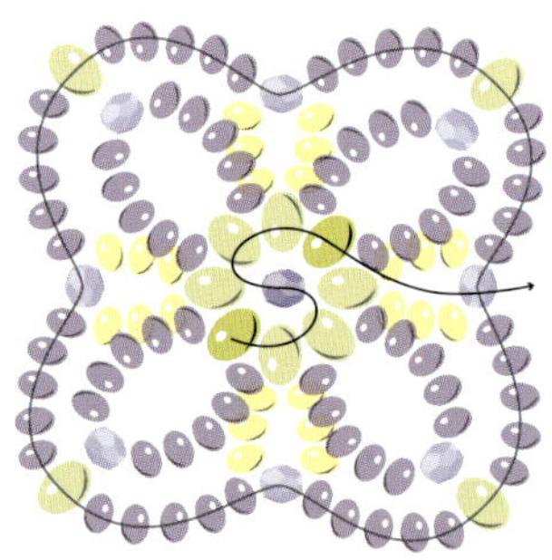

13
Zurück durch die GS4-m und die 1. Roc8-g fädeln. Alle Fäden sorgfältig vernähen und die Enden abschneiden. Der erste „Diamant" des Armbandes ist fertiggestellt.

(14)

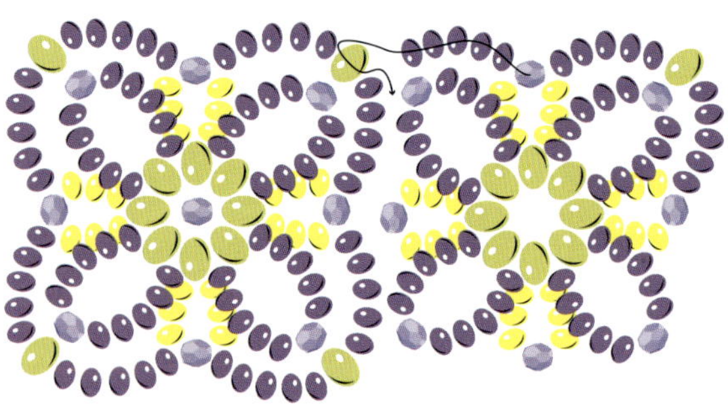

14
Die folgenden „Diamanten" ebenso fädeln, allerdings in umgekehrter Farbkombination. Schritte 1 bis 5 wiederholen. In Schritt 6 werden die Teile zusammengefügt, indem durch die Roc8-g-Eckperlen des vorherigen „Diamanten" gefädelt wird.

(15)

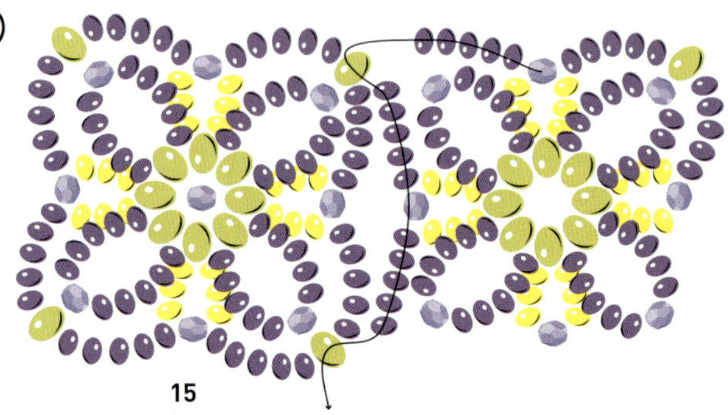

15
*5 Perlen eigener Farbwahl aufnehmen, durch die GS4-m einer kleinen Schlaufe fädeln.** Weitere 5 Perlen eigener Farbwahl aufnehmen und durch die Roc8-g des 1. „Diamanten" fädeln.

16
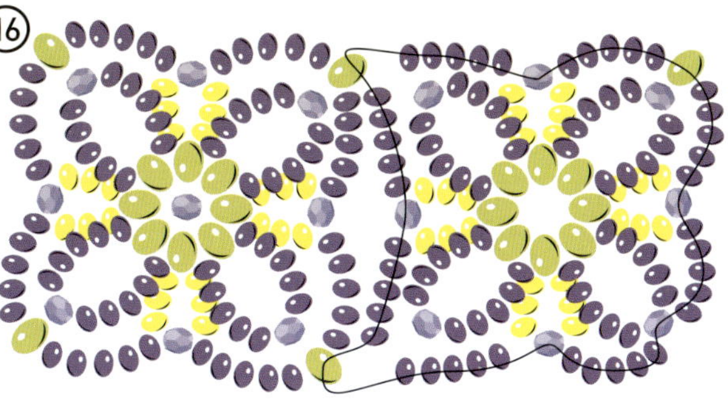

17

16
Schritt 15 von * bis ** rundum und danach Schritte 11 bis 13 wiederholen. Alle Fäden sorgfältig vernähen und Enden abschneiden. Weitere „Diamanten“ in abwechselnden Farbkombinationen fädeln, bis die gewünschte Armbandlänge erreicht ist.
Tipp: Nach Wunsch können die Ränder des Armbandes noch mit zusätzlichen Pikots verziert werden.

Pickots 17
Einen neuen langen Faden verankern und aus einer Eckperle des ersten „Diamanten“ herausfädeln. Brick Stitch: 3 Roc11 einer gewünschten Farbe aufnehmen und unter den Faden zwischen der 2. und 3. Randperle fädeln. Zurück durch die letzte Roc11. 2 Roc11 einer nächsten Farbe aufnehmen und unter den Faden zwischen der 4. und 5. Randperle fädeln. Zurück durch die 2. Roc11. Weiter im Brick Stitch das Armbandrand umfädeln. Zuletzt alle Fäden sorgfältig vernähen und Enden abschneiden.

18

19
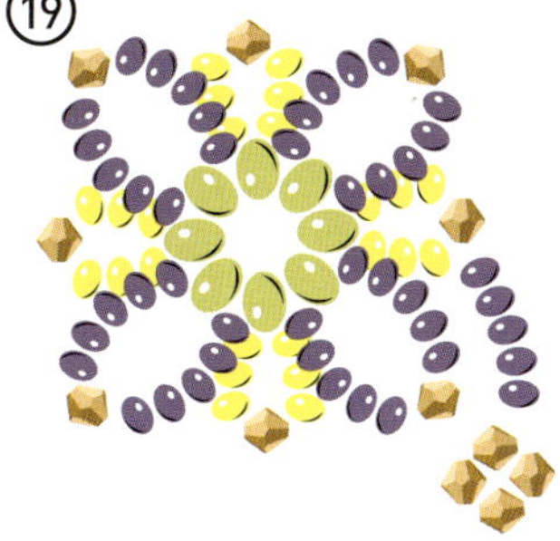

20
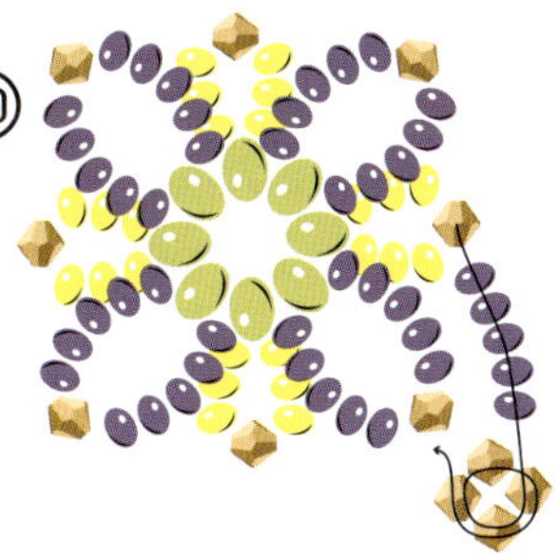

Blume und Beere
18
Schritte 1 bis 5 des „Diamanten“ wiederholen, dabei anstelle von GS4-m CB4-lt verwenden.

19
5 Roc11-sa und 4 CB3-lt aufnehmen.

20
Die 4 CB3-lt zum Kreis (Beere) schließen, indem nochmals durch die ersten 3 CB3-lt gefädelt wird. 5 Roc11-sa aufnehmen. Durch die nächste CB3-lt der kleinen Schlaufe fädeln.

21
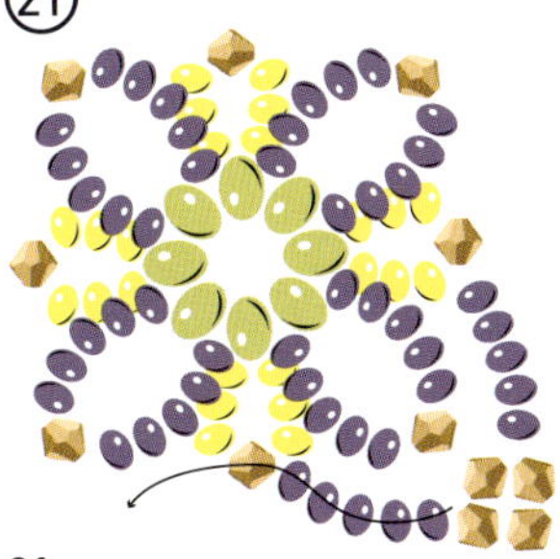

21
Schritte 19 und 20 rundum wiederholen. Aus einer mittleren CB3-lt herausstechen.

22
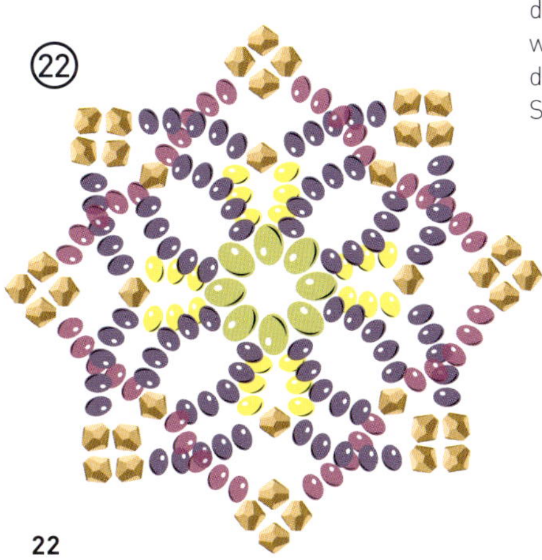

22
Schritt 19 und 20 zwischen den letzten Schlaufen wiederholen. Hierbei darauf achten, dass über der letzten Schlaufe herausgestochen und unter der folgenden Schlaufe eingestochen wird. Die Mitte der Blüte wie in Schritt 11, 12 und 13 mit dem Briolette Drop dekorieren.
Tipp: Um die Blume „aufzupeppen“, können hier auch andere außergewöhnliche Perlen verwendet werden.

Fertigstellung
Mit sorgfältigen, festen Stichen die Blüte am Ende des Armbandes annähen.

Verschluss „Haken und Öse“
Den Haken unterhalb des Armbandes (Blume) sowie die Öse an der anderen Armbandseite unterhalb annähen.
Tipp: Mit einer unterschiedlichen Anzahl von Perlen entstehen unterschiedlich große „Diamanten“. Wenn der 1. Kreis (Schritt 1) mit 8 Perlen begonnen wird, entstehen 4 Eckpunkte. Wenn der 1. Kreis mit 6 Perlen gefädelt wird, entstehen 3 Eckpunkte. Mit noch größeren Schlaufen (Schritt 2) verändert sich ebenfalls das Aussehen der „Diamanten“ oder auch der „Blume“. Die Blume separat gefädelt ergibt einen hübschen Kettenanhänger.

←

www.gillianlamb.co.uk

„Magnetzylinder-Kette“

Design von Inge Gielen, Deutschland

Schlicht und elegant wirkt dieses Schmuckstück. Sein Wechselelement, gearbeitet in Peyote, ermöglicht das Austauschen des Mittelteils nach Belieben. Es kann auch von Männern getragen werden.

① 

1
1. und 2. Runde: 25 Perlen in folgender Farbfolge aufnehmen und bis ca. 10 cm ans Ende des Fadens schieben: 10 #3, 1 #4, 11 #3, 1 #4, 2 #3.

Material

Kette 50 cm

150	Hämatinscheiben 8 mm
5 g	Rocaille 15/0, matte transparent crystal, #15-0131F (#1)
5 g	Rocaille 15/0, galvanized silver, #15-0181(#2)
5 g	Rocaille 15/0, metallic steel, #15-0190 (#3)
3 g	Rocaille 15/0, galvanized yellow gold, #15-1053 (#4)
5 g	Rocaille 15/0, silverlined teal, #15-1424 (#5)
5 g	Rocaille 15/0, SPRKL Peridot Lined CRYS #15-1527 (#6)
5 g	Rocaille 15/0, black matt, #15-2003 (#7)
50 cm	Edelstahldraht, 0,5 mm
2	Magnetverschlüsse, 24x8 mm
2	Endkappen, silber, kegelförmig, 18,5x10 mm
2	Quetschröhrchen, silber, 2,2x2 mm
	Nadel Stärke 12
	KO-Garn
	Kraftkleber

② 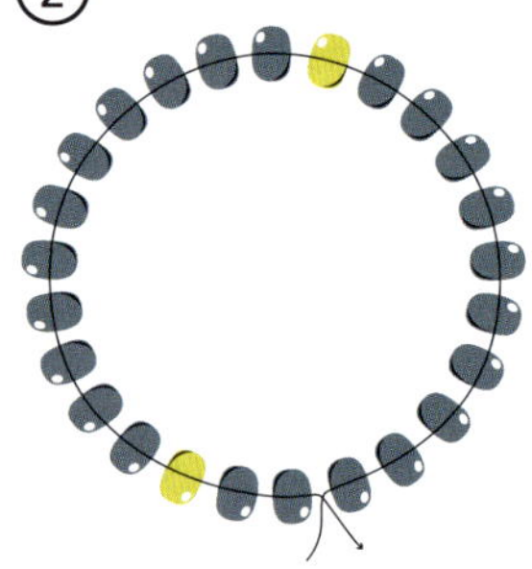

③ 

2–3
Die beiden Fadenenden zu einem Kreis verknoten. 3. Runde: Durch 3 weitere Perlen entgegen dem Uhrzeigersinn fädeln. Ab hier wird gemäß Zählmuster im Peyote-Stich (3-mal #3, 2-mal #4, 4-mal #3, 2-mal #4 und 1-mal #3) gearbeitet – ohne Aufschritt am Rundenende. Die Perlen mit Kontur im Zählmuster kennzeichnen immer die erste Perle der neuen Runde. Die Grafik wird in jeder Runde von links nach rechts gelesen. →

Korrektur:
Die Häkelketten in der Ausgabe 4 auf den Seiten 44 und 47 sind von **Frauke Wegener** (www.f-beads.de) und nicht von Frau Winterstein!

Zählmuster

4

Auf eine Seite des Drahtes 1 Quetschröhrchen, 1 Endkappe und 1 Hälfte des Magnetverschlusses fädeln (der Magnetverschluss versinkt in der Endkappe). Den Draht zurück durch die Endkappe und das Quetschröhrchen führen, Drahtende ca. 2 cm herausstehen lassen. Das Röhrchen mit einer Flach- oder Krimpzange zusammendrücken. Die Hämatinscheiben auf den Edelstahldraht fädeln und die andere Seite der Kette gegengleich beenden. Hier wird der Draht jedoch weiter durch einige Hämatinscheiben geführt. Röhrchen quetschen und Drahtende abknipsen.

⑤

5

Das Peyote-Röhrchen mit Frischhaltefolie auspolstern und die Magnete mit einem Kraftkleber in jedes Ende einkleben.

←

Gewonnen!

Das Buch
„Bead Quilled Jewelry“
von Kathy King hat gewonnen:
Barbara Krahl, Berlin

Das Buch
„Beaded Colorways“
von Beverly Ash Gilbert hat gewonnen:
C. Capellmann, Vaals, Niederlande

Das Buch
„Your Seed Bead Style“
von den Herausgebern des Bead&Button Magazins hat gewonnen:
Gerald Osel, Böblingen

Den **„Bead Tube Tower“**
der Firma Beadsmith hat gewonnen:
Lorena Reindl, Saal

Zeit
Kosten
Grad

Ring „Café Crema"

Gefädelte Ringe erfreuen sich besonders bei jungen Mädchen großer Beliebtheit. Schnell ist dieses kleine Schmuckstück auch von Anfängern gezaubert.

Design von Nadine Denefleh, Deutschland

Material

1 g	Rocailles 11/0, dunkel bronze; Roc11-b
1 g	Rocailles 11/0, gold; Roc11-g
1 g	Rocailles 15/0, bronze; Roc15-b
1 g	Rocailles 15/0, gold; Roc15-g
10	Glasschliffperlen 3 mm, bronze; GS3-b
1	Rivoli 14 mm, light peach
	synthetischer Fädelfaden in Natur oder Gold
	Fädelnadel Stärke 12

Mengenangaben sind ca. Angaben der Designerin

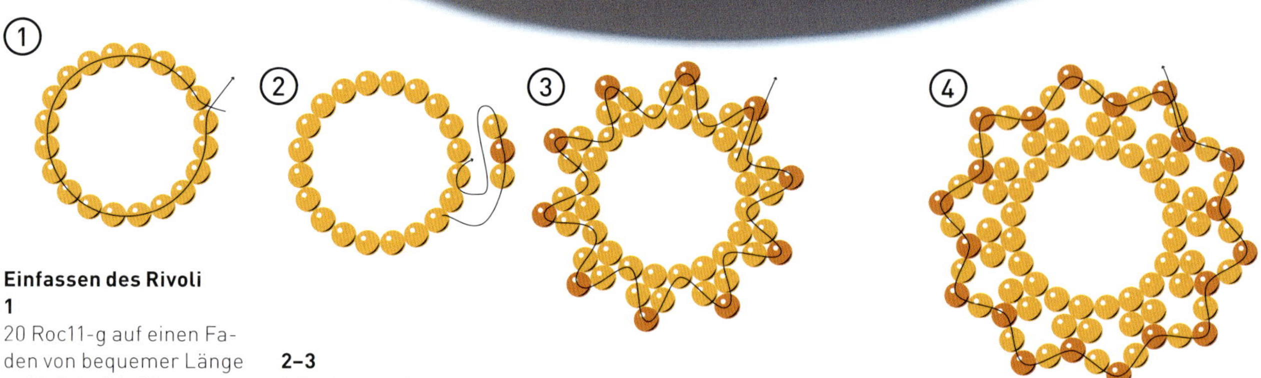

Einfassen des Rivoli

1
20 Roc11-g auf einen Faden von bequemer Länge auffädeln, bis 10 cm vor das Ende schieben und beide Fadenenden verknoten. Nochmals durch alle 20 roc11-g fädeln.

2–3
1 Roc11-g, 1 Roc11-b und 1 Roc11-g auffädeln und durch die übernächste Rocailles des Grundkreises fädeln. Dies 9-mal wiederholen. Aus einer Roc11-b herausfädeln = Aufschritt.

4
Hier beginnt Reihe 3. 1 Roc11-g, 1 Roc11-b und 1 Roc11-g aufnehmen und durch die Roc11-b der Vorrunde fädeln. Dies 9-mal wiederholen. Aus einer Roc11-b herausfädeln = Aufschritt.

⑤
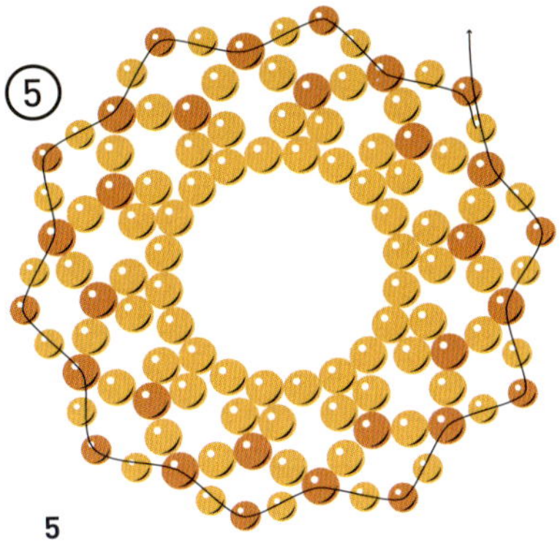

⑥
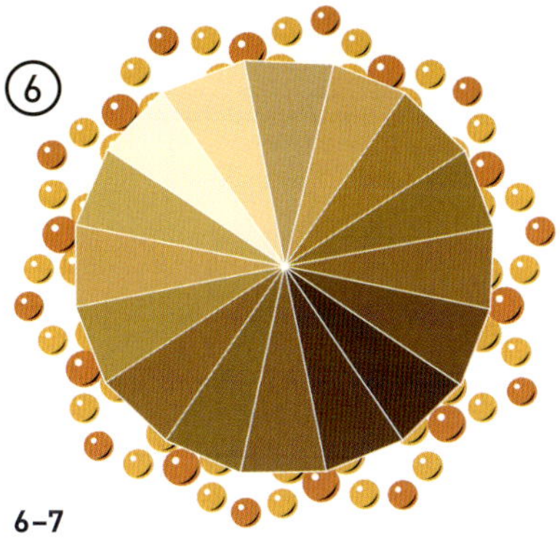

⑦
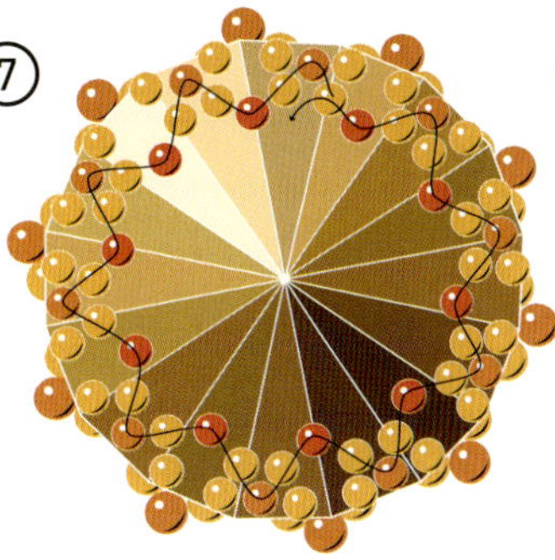

⑧
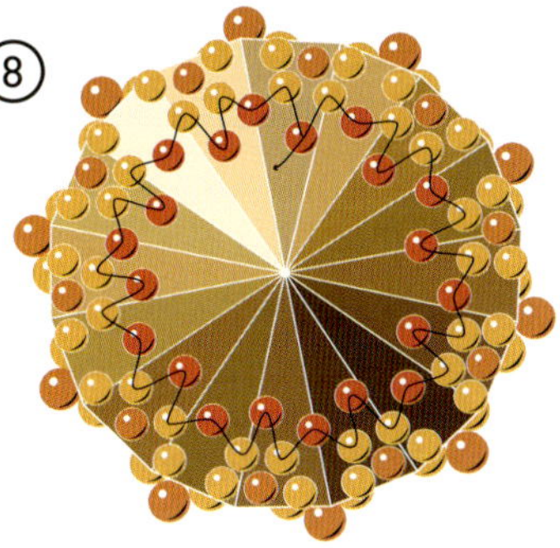

5
1 Roc15-g, 1 Roc15-b und 1 Roc15-g aufnehmen und durch die Roc11-b der Vorrunde fädeln. Auf feste Fadenspannung achten. Das Fädelstück bildet ein „Schüsselchen". Dies 9-mal wiederholen. Aus einer Roc15-b herausfädeln = Aufschritt.

6–7
Den Rivoli in dieses „Schüsselchen" einlegen und festhalten. 1 Roc15-g, 1 Roc15-b und 1 Roc15-g aufnehmen und durch die Roc15-b der Vorrunde fädeln. Dies 9-mal wiederholen. Aus einer Roc15-g (3. Roc der 3er-Gruppe) herausfädeln = Aufschritt. Faden fest anziehen!

8
1 Roc15-b aufnehmen, komplett durch alle 3 Perlen der 3er-Gruppe der Vorrunde fädeln. 9-mal wiederholen. Aus einer Roc15-b herausfädeln = Aufschritt.

⑨
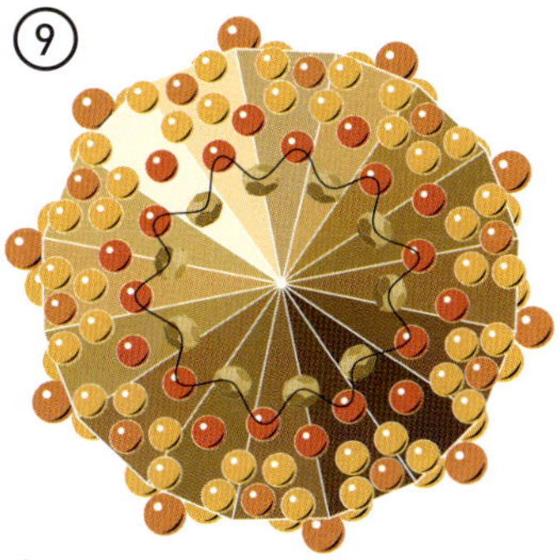

⑩

⑪

⑫
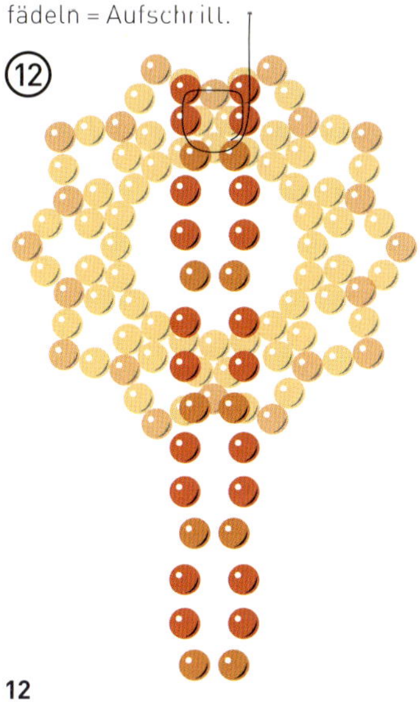

9
1 GS3-b aufnehmen. Durch die nächste Roc15-b der Vorrunde fädeln. 9-mal wiederholen. 2-mal durch alle GS3-b fädeln.

Ringschiene

10
Mit einem neuen Faden aus einer Roc11-b der 2. Runde herausfädeln. 2 Roc11-b, 2 Roc11-g und 2 Roc11-b aufnehmen. Die Roc11-b der 2. Runde nochmals durchfädeln. Aus der 2. Roc11-g herausfädeln.

11
2 Roc11-b, 2 Roc11-g und 2 Roc11-b aufnehmen. Durch die Roc11-g der Vorrunde fädeln. So lange wiederholen, bis die gewünschte Länge erreicht ist.

12
Nach Erreichen der gewünschten Länge die Ringschiene an genau der gegenüberliegenden Seite wie folgt befestigen: 2 Roc11-b aufnehmen, durch die Roc11-b der 2. Runde fädeln, 2 Roc11-b aufnehmen und weiter durch die 2Roc11-g der Ringschiene fädeln.

⑬
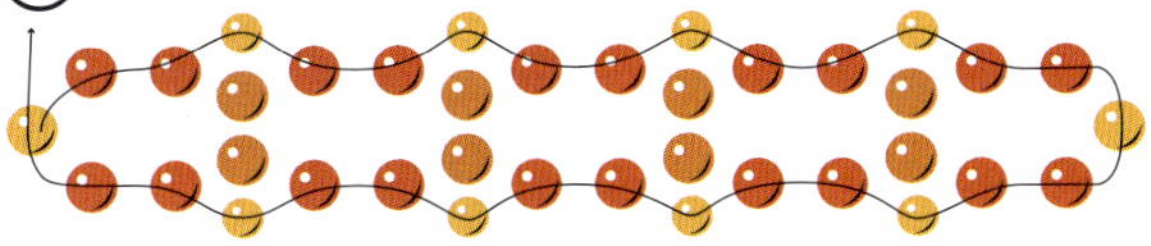

13
Durch 2 Roc11-b der einen Seite der Ringschiene fädeln, 1 Roc15-b aufnehmen und durch die nächsten 2 Roc11-b der gleichen Seite der Ringschiene fädeln. So weiterarbeiten, bis das Seitenende erreicht ist. Auf der anderen Seite der Ringschiene gegengleich arbeiten.

Design von Judie Walker, Kalifornien/USA

„Pinch Cube Chain“

Diese Kette ist ein Ausdruck geometrischer Präzision. Ihre Form erinnert an die verschachtelten grafischen Arbeiten von Victor Vasarely.

Material

Länge: 66 cm

40 g	Zylinderperlen 11/0, Hauptfarbe; ZP-H
15 g	Zylinderperlen 11/0, Akzentfarbe; ZP-A
4	Biegeringe 10 mm, silber
30-40 cm	Metallkette
1	Verschlusshaken, silber
	synthetisches Fädelgarn
	Nadel, Stärke 12
	Fadenwachs

Würfel bestehen aus 6 quadratischen Seiten. Jede Verbindung der Kette ist auf einem halben Würfel aufgebaut oder auf drei quadratischen Seiten, die in einer Pyramidenform arrangiert werden. Das fertige Perlenteil ist ca. 30 cm lang und besteht aus 21 Teilen.

Geperlt wird ein halber Würfel nach dem anderen, danach werden sie zusammengefasst. Zuletzt werden jeweils drei halbe Würfel an den Seiten zur Pyramidenform zusammengefasst, es ergibt sich ein dreieckiger Querschnitt.

Zeit Kosten Grad

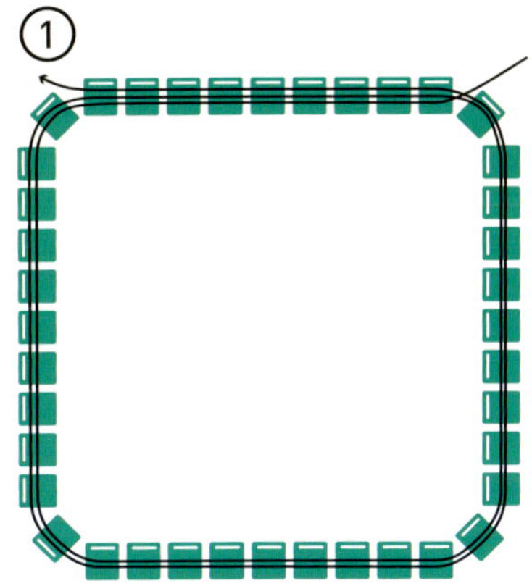

Erstes Quadrat eines Verbindungsgliedes

1
40 ZP-H aufnehmen und zum Kreis schließen. Ein 2. Mal hindurchfädeln sowie weiter durch ein paar Perlen. Fadenende ca. 15 cm hängen lassen, es wird später vernäht.
Tipp: Fadenspannung etwas fester halten.

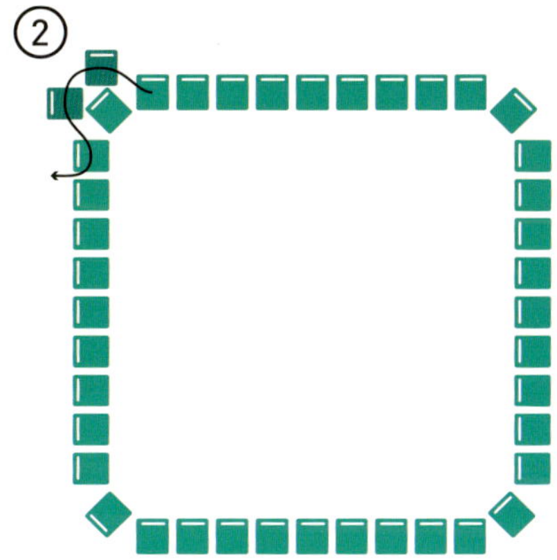

2
Peyote: 2 ZP-H aufnehmen, 1 Perle überspringen und durch die folgende Perle fädeln. Dies ist wie beim Peyote-Stich, es werden jedoch 2 Perlen anstatt einer aufgenommen, sie bilden die Ecken.

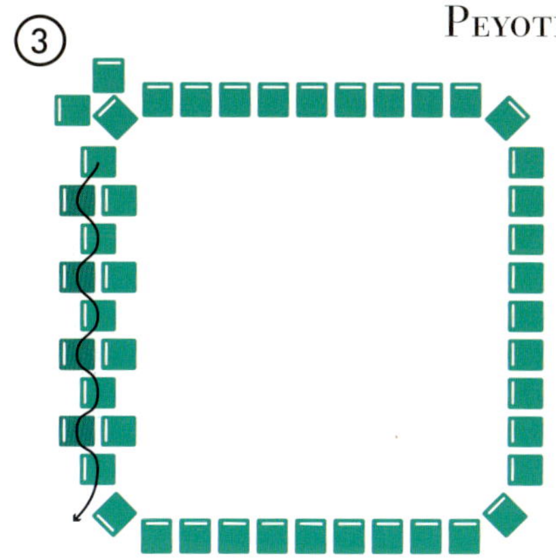

3
4 weitere normale Peyote-Stiche fädeln, dabei immer nur 1 ZP-H aufnehmen. Dies formt eine Seite des Quadrates.

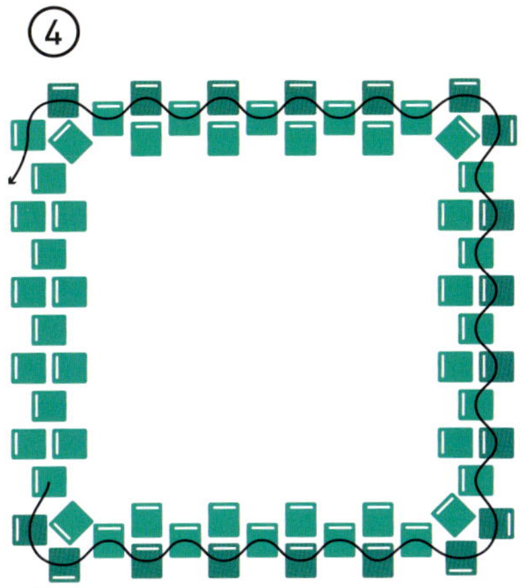

4
Schritte 2 und 3 3-mal wiederholen. Aufschritt: Nachdem am Ende der kompletten Runde die letzte ZP-H aufgenommen wurden, durch die beiden zuerst aufgenommenen Eckperlen der Runde fädeln.

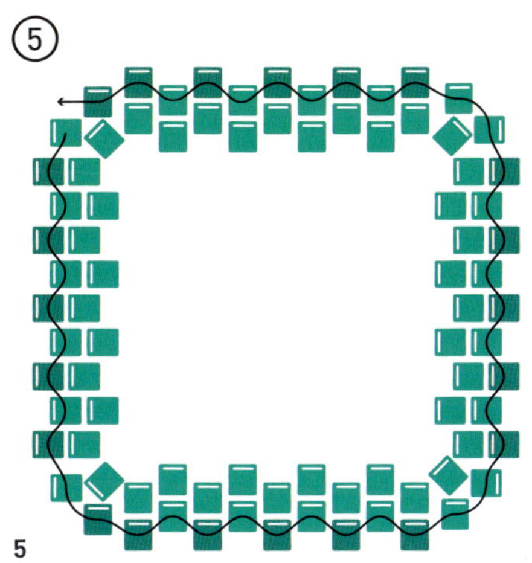

5
Jeweils 1 ZP-H aufnehmen und in Peyote rundum fädeln. An allen 4 Ecken durch die beiden Eckperlen der Vorrunde fädeln, ohne eine neue Perle aufzunehmen. Kein Aufschritt nach dieser Runde, sondern zwischen zwei Eckperlen aus dieser Runde herausfädeln.

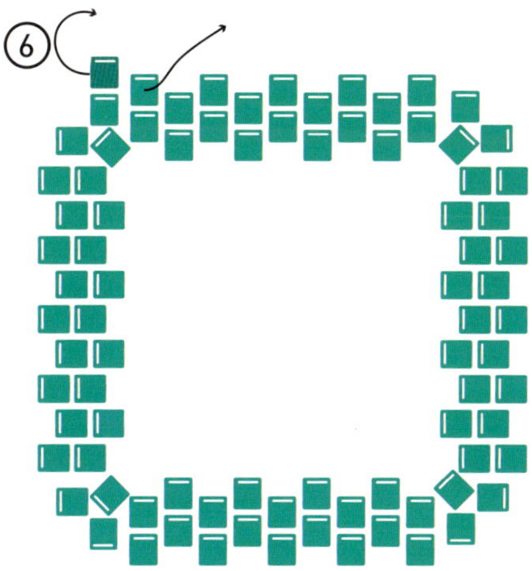

6
Ab dieser Runde werden 4 separate Seiten mit jeweils 6 ZP-H gefädelt. Die Eckperlenpaare aus der 2. Runde sind die Ecken des Quadrates. Je eine der beiden Perlen gehört zu einer anderen Seite des Quadrates. In den ersten Runden wurde rundum gefädelt, in dieser Runde ändert sich die Fädelrichtung. 1 ZP-H aufnehmen und zurück durch die letzte ZP-H fädeln, die in Schritt 5 gefädelt wurde.

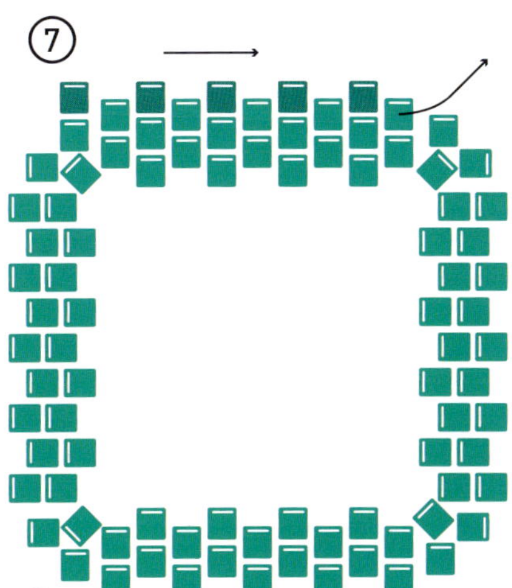

7
4-Mal in Peyote in dieser Rückwärtsrichtung fädeln, dabei jeweils 1 ZP-H aufnehmen.

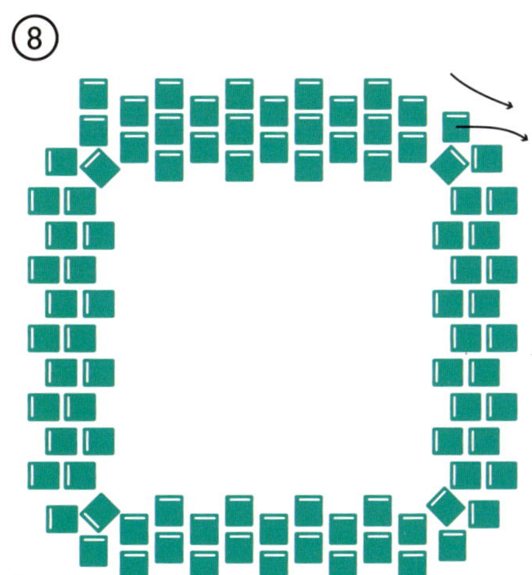

8
Die 6. und letzte ZP-H dieser Seite sitzt auf einer Eckperle aus Runde 2. Hier herausfädeln.

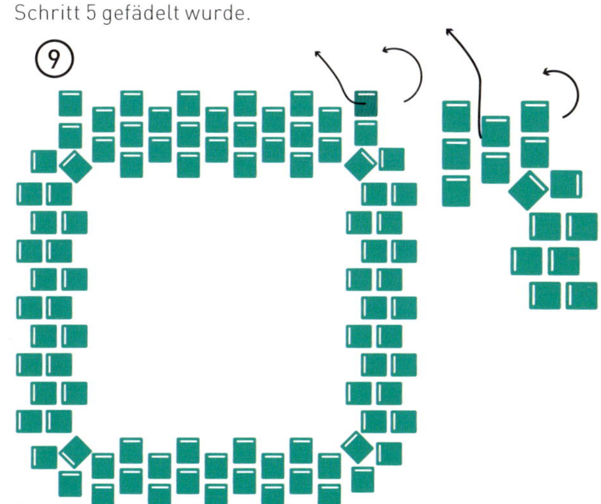

9
1 ZP-H aufnehmen, die Fädelrichtung wieder ändern und durch die letzte Perle aus Runde 3 zurückfädeln. Dies beendet eine Seite des Quadrates (6 ZP-H breit). Mit fester, aber nicht zu fester Fadenspannung gefädelt, legen sich die Perlen in gerade Reihen. →

(10)

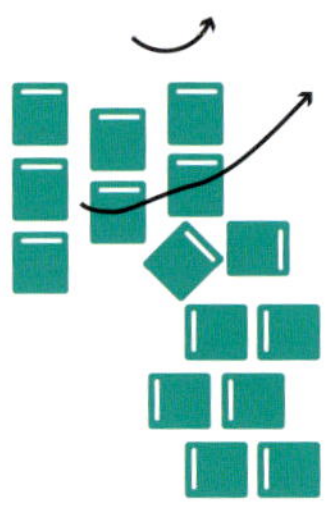

10
Zur nächsten Seite wie folgt hinüberfädeln: Fädelrichtung wechseln und durch die darunterliegende sowie die nächste Perle fädeln.

(11)

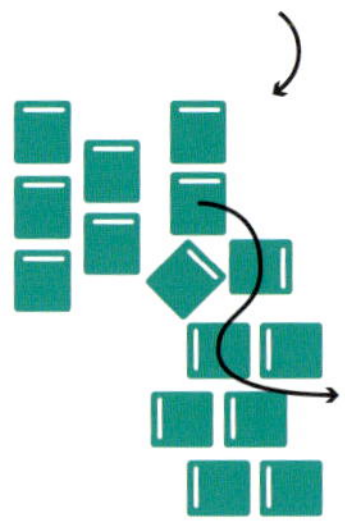

11
Durch 2 Perlen der nächsten Quadratseite fädeln.

(12)

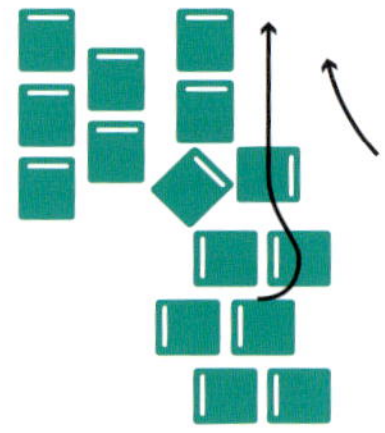

12
Fädelrichtung wechseln und abwärts durch 2 Perlen fädeln. Zwischen 2 Eckperlen herausfädeln.

(13)

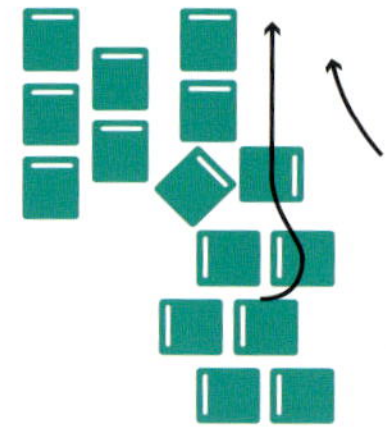

13
Nun die nächste Quadratseite wie in Schritt 6 bis 9 arbeiten. Dies an allen weiteren Seiten wiederholen.

(14)

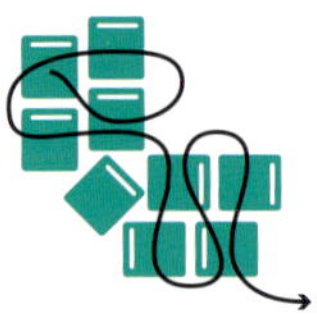

14
Hier veranschaulichen wir noch einmal den kompletten Weg des Fadens, um auf die nächste Quadratseite zu gelangen. Nachdem alle 4 Quadratseiten gefädelt sind, die Fadenenden vernähen und abschneiden.

(15)

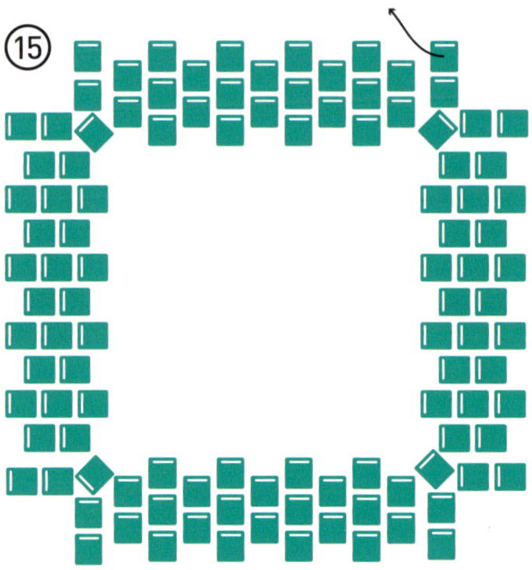

Zwei Quadrate verbinden

15
Ein 2. Quadrat identisch zum ersten fädeln. Das lose Fadenende vernähen und abschneiden, aber den Arbeitsfaden hängen lassen. So weit fädeln, dass aus einer Eckperle einer Seite herausgefädelt wird.

(16)

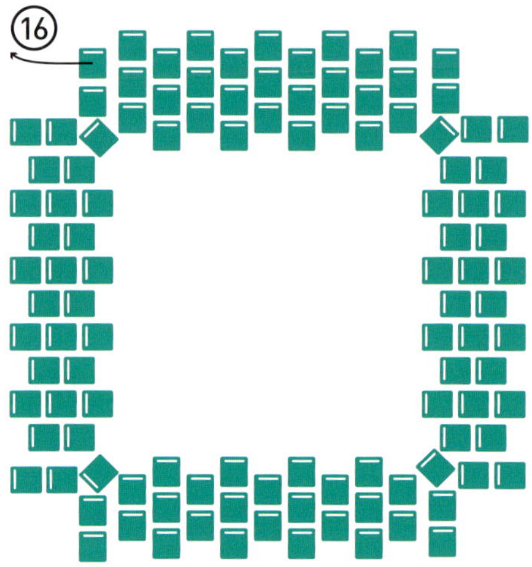

16
In Peyote 5-mal je 1 ZP-H an der Seite des Quadrates einfädeln. Diese Perlen agieren wie ein Reißverschluss zwischen zwei Quadraten.

(17)

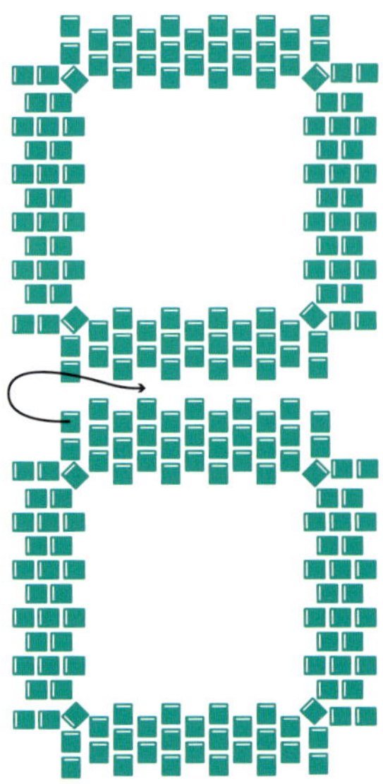

17
Fädelrichtung ändern: Durch die Eckperle des ersten Quadrats (Seite) fädeln.

(18)

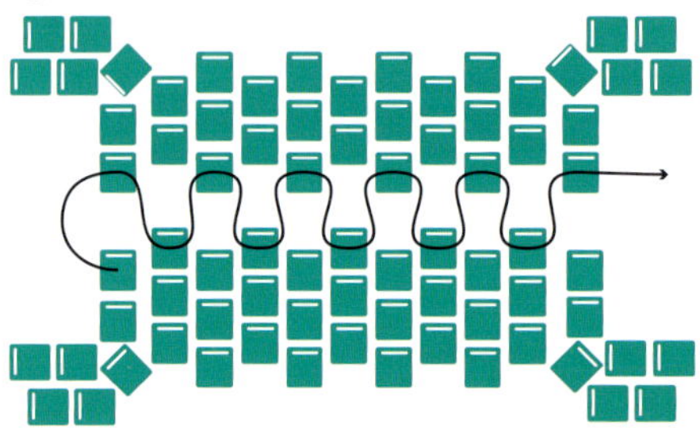

18
Im Zickzack durch die hervorstehenden Perlen der beiden Quadratseiten fädeln.

(19)

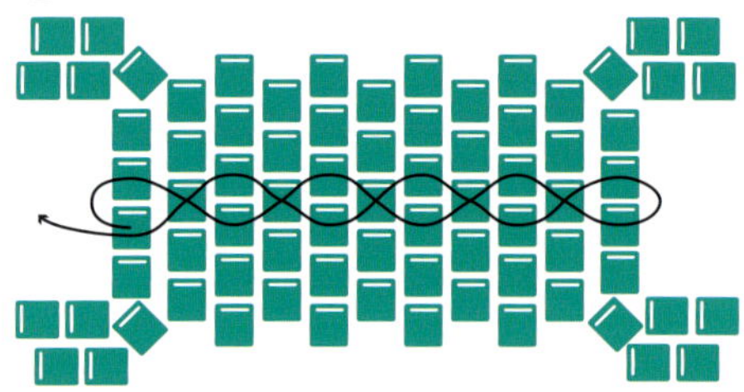

19
Fädelrichtung wechseln: zurück im Zickzack.

Das „Rückgrat" der Verbindungsstellen fädeln

20
Nun fädeln Sie so, dass an dieser Verbindungsstelle die Perlen versteift und verstärkt werden. Hier werden die ZP-A verwendet. Der Faden tritt aus einer unteren Eckperle des linken Quadrats heraus.

(20)

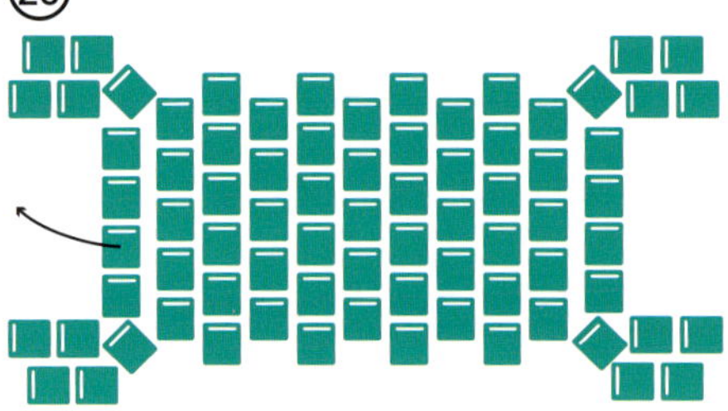

(21)

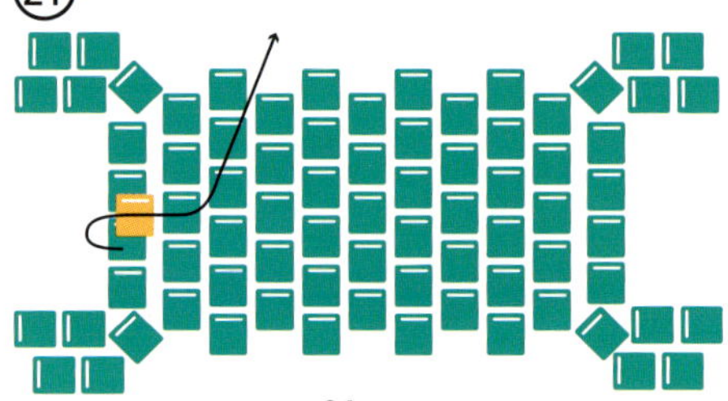

21
1 ZP-A aufnehmen und durch die folgende Perle der Verbindungsstelle fädeln.

(22)

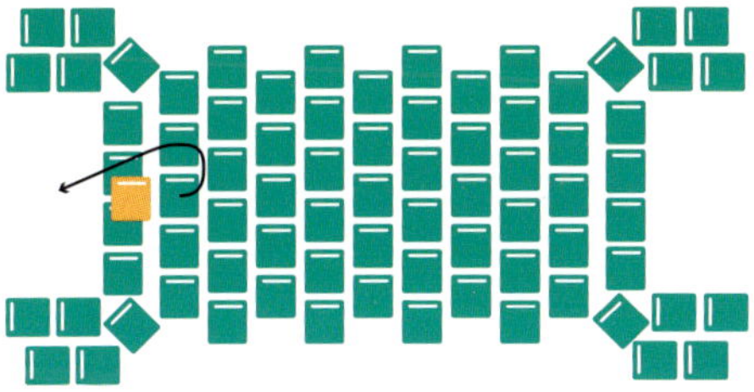

22
Fädelrichtung wechseln und durch 2 Perlen des oberen Quadrats zurückfädeln.

(23)

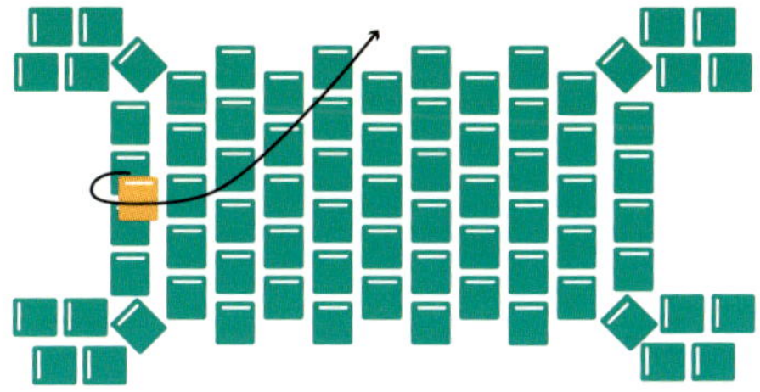

23
Fädelrichtung wechseln, durch die in Schritt 21 aufgenommene ZP-A und durch die folgende Perle der Verbindungsstelle fädeln.

(24)

24
Die Abb. veranschaulicht, dass durch das Fädeln von Schritt 21–23 diese Akzentperle zwischen und oben auf den darunterliegenden Perlen fest sitzt und in den weiteren Schritten einen festen Grat bildet.

(25)

25
Die folgenden 4 ZP-A in gewöhnlichem Peyote auf das Verbindungsstück fädeln.

(26)

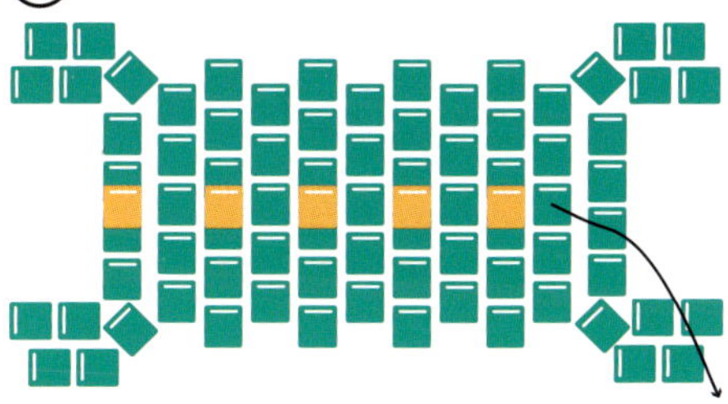

26
Weiter durch die untere Eckperle herausfädeln. Die letzte „Rückgratperle" wird auf die gleiche Weise wie die erste gefädelt.

(27)

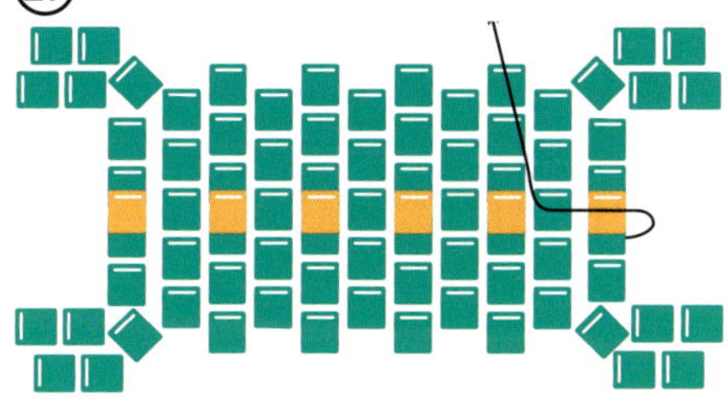

27
1 ZP-A aufnehmen, Fädelrichtung wechseln und zurück durch die folgende Quadratseitenperle fädeln.

(28)

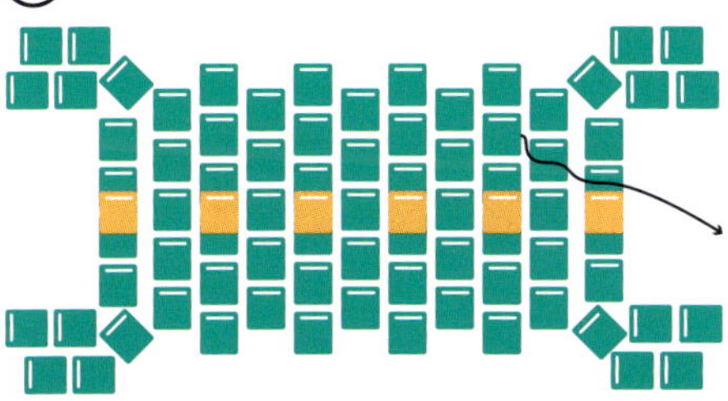

28
Fädelrichtung wechseln und durch 2 Perlen des oberen Quadrats fädeln, dabei aus der oberen Eckperle der Quadratseite herausfädeln.

(29)

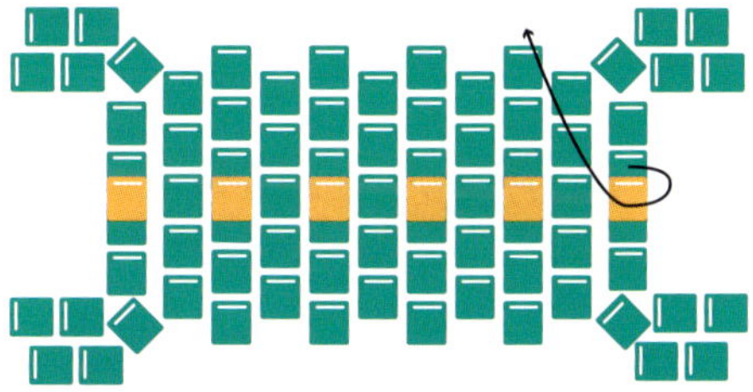

29
Fädelrichtung wechseln und erneut durch die ZP-A fädeln.

(30)

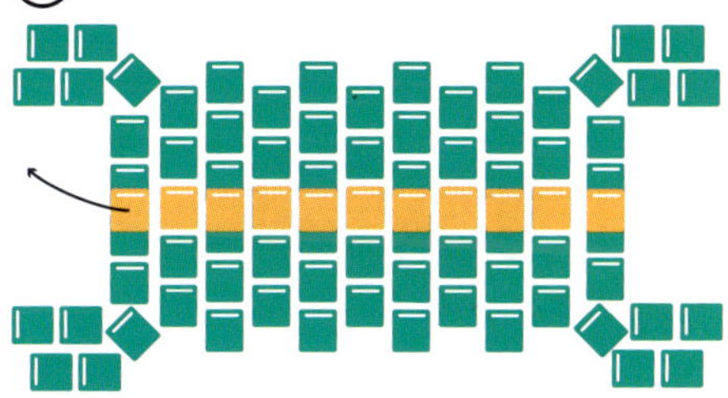

30
Das „Rückgrat" beenden, indem 5 ZP-A in Peyote zwischen die Vorreihe gefädelt werden. Faden vernähen und Ende abschneiden.

Das dritte Quadrat
Ein weiteres identisches Quadrat fädeln und an die 2. Seite des ersten Quadrates fädeln, nicht in gerader Linie aneinanderfädeln, sondern in einer „L"-Form. Hieraus ergibt sich die Pyramidenform. Mit neuem langem Faden auch das „Rückgrat" mit ZP-A fädeln. Nachdem das 3. Quadrat angefädelt wurde, mit der Nadel wie in Schritt 17 dargestellt aus der Eckperle fädeln und die beiden Seiten des 2. und 3. Quadrates aneinander sowie auch das jeweilige „Rückgrat" fädeln. Die ZP-A sollten alle nach außen zeigen.

(31)

31
Die 3 Quadrate formen einen halben Würfel. 3 Seiten sind verbunden, jede Verbindung besitzt ein „Rückgrat".

(32)

Fotos: Richard Walker

32
Die äußeren Ecken zusammenfassen, indem der halbe Würfel in eine dreieckige Diamantform gedrückt wird.

→

→

(33)

33
Die Seiten, die aneinandergedrückt wurden, nun mit ZP-A befädeln („Rückgrat"). 2 Seiten aus jedem Quadrat liegen neben dem nächsten, um so 3 L-förmige Stege zu formen. Ein Glied der Pinched Cube Chain ist fertiggestellt.

Einzelelemente verbinden
Im nächsten Schritt werden zwei Einzelteile miteinander verbunden, indem jede der drei Quadratseiten mit einem Steg des 1. Teils verbunden wird. Die Stege werden aus 2 der zusammengefädelten Quadrate des 1. halben Würfels geformt.

(34)

34
40 ZP-H aufnehmen. Mit der Nadel durch einen Arm des 1. Teils fädeln, erst dann weiter durch alle 40 aufgenommenen Perlen, um einen Kreis zu bilden. Durch 3 weitere ZP-H fädeln und herausstechen. Das Fadenende ca. 15 cm hängen lassen.

(35)

35
Das 1. Quadrat fädeln. Dabei nach Bedarf das Fädelteil drehen, um gut arbeiten zu können.

Fotos 31-37: Richard Walker

(36)

36
Ein 2. Quadrat durch den nächsten Arm des 1. Teils fädeln.

(37)

37
Die beiden gefädelten Quadrate verbinden, siehe Schritt 17, und das „Rückgrat" fädeln. Ein 3. Quadrat durch den noch leeren Arm des 1. Teils fädeln und es mit den beiden Quadraten verbinden, um den 2. halben Würfel zu formen. Das „Rückgrat" fädeln.

(38)

38
Diese Schritte wiederholen, bis die gewünschte Länge erreicht ist.

Tipp: Falls eine Halskette oder Armband gearbeitet wird, findet Judy es optisch schöner, wenn die Endteile kleiner als die anderen Teile gearbeitet sind. Dies kann man erreichen, indem zu Anfang 32 Perlen anstatt 40 aufgenommen werden. Schritt 6 wird demzufolge nur mit 5 anstatt 6 Perlen an jeder Quadratseite gefädelt. Das nächste kleinere Teil beginnt mit 24 Perlen, Schritt 2 und 3 beinhalten nur 2x Peyote zwischen den Perlenpaaren. Schritt 6 wird mit 4 Perlen auf jeder Quadratseite gefädelt. Dies wäre das kleinste Teil, das gefädelt werden kann.

Fertigstellung: Die Metallkette in 2 leicht unterschiedliche Längen trennen. 2 Biegeringe, 10 mm, durch einen Arm des Endteils ziehen. Daran die kürzere Hälfte der Metallkette befestigen. Einen Haken am anderen Ende dieser Kette befestigen. Das längere Kettenteil am anderen Ende des Fädelteils befestigen. Ein zusätzliches kleines Verbindungsteil fädeln und mit 2 Biegeringen am längeren Kettenteil befestigen. Wenn die Kette mit dem Haken je nach Wunsch länger oder kürzer getragen wird, hängt das kleine Verbindungsteil am Rücken herunter.

www.walkerpublications.com ←

Lernen von erfahrenen Designern

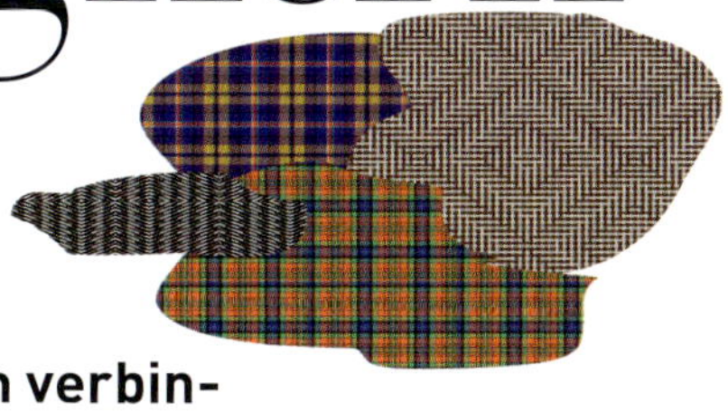

Carol Cypher: Fäden verbinden – so geht es am besten

Um zu verhindern, dass ein neuer Faden innerhalb eines Arbeitsstücks angesetzt werden muss, gehe ich folgendermaßen vor: Wenn bei flachem Perlenfädeln (Peyote, RAW oder andere Stiche) die Folgereihen den Anfangsreihen gleichen, ziehe ich ca. 2 m Faden von meiner Fadenrolle, schneide ihn jedoch nicht ab. Ich nehme eine Perle auf und umsteche sie an der Fadenrolle als Stopperperle. Nun arbeite ich wie gewohnt an meinem Schmuckstück, bis ich ca. 10 cm von der Stopperperle und der Fadenrolle entfernt bin. Allerdings achte ich hier darauf, dass ich an diesem Punkt eine komplette Reihe beendet habe. Ich ziehe weitere 2 m Faden von der Rolle, schneide den Faden ab und entferne die Stopperperle. Mit diesem Faden arbeite ich ab hier an der gegenüberliegenden Seite des Stückes weiter. Bei rundem Fädeln bedeutet dies, dass ich in die gegensätzliche Richtung fädle.

Falls ich doch einen neuen Faden ansetzen muss, gehört der folgende Tipp zu meinen bewährtesten: Mit dem alten Faden aufhören, wenn das Ende nur noch ca. 10 cm lang ist. Einen neuen Faden abschneiden und das Ende mit einer Stopperperle sichern. Durch die gleiche Perle fädeln, aus der noch der alte Faden heraushängt. Ich arbeite mit dem neuen Faden einige Reihen oder Runden, entferne dann die Stopperperle und vernähe den neuen Faden im „alten" Teil der Arbeit und den alten Faden im „neuen" Teil meines Schmuckstücks. Dann kann ich problemlos weiterfädeln.

Ein weiterer Tipp

Um mich besser an neue Farbkombinationen zu erinnern, sammle ich Stoffreste, Zeitungsausschnitte, Muster oder Farbreste auf Papier und klebe diese Teile in einer kleinen Plastikhülle an eine durchsichtige Box. Darin kann ich alles aufbewahren und farblich zusammenstellen, was ich für mein späteres Projekt benötige. Wenn ich mit einem solchen Stück fertig bin, hebe ich alle übrig gebliebenen Perlen und Teile auf und verarbeite diese dann als „Perlensuppe" im nächsten Objekt. **www.carolcypher.com**

Laura Andrews: Rocailles-Klopfen

Um mir das Arbeiten mit Rocailles zu erleichtern, streue ich die Perlen auf meine Perlenmatte. Mit den Fingerspitzen klopfe ich auf die Perlen, so dass sie nicht aufeinanderliegen. Meist springen die Perlen genau mit der Öffnung nach oben und ich kann sie nun ganz leicht mit meiner Nadel aufnehmen. Um Energie und Zeit zu sparen, beschäftige ich mich nicht damit, meine Perlen jedes Mal nach dem Aufnehmen an das Ende des Fadens zu schieben. Ich steche eher gleich meinen Stich, ziehe den Faden und lasse damit die Perlen selbst nach hinten gleiten. **www.lauraandrews.com**

Diane Fitzgerald: So bekommen meine Stücke den richtigen Halt

Um lockere Fädelarbeiten steif und fest zu machen, verwende ich flüssiges Bohnerwachs auf Acrylbasis. Es hat denselben Effekt wie „Stoffsteif". Die Oberflächen von Perlen oder Kristallperlen bleiben normalerweise unbeeinflusst, bei eingefärbten Perlen, Rainbow-Gold-Perlen oder gewachsten Perlen verwende ich es allerdings nicht. Auf jeden Fall teste ich es immer erst an einer Perle. Wenn mein Stück fertiggefädelt ist, tauche ich es ein paar Sekunden in das Bohnerwachs, lasse dann die Flüssigkeit abtropfen und lege es auf absorbierendes Küchenpapier. Damit es dort nicht in einer Lache Wachs antrocknet, lege ich die Arbeit nach ein paar Sekunden noch einmal auf ein neues Stück Küchenkrepp. Nach dem Trocknen reibe ich mit einem weichen Tuch vorsichtig überflüssiges Wachs von den Perlen. **www.dianefitzgerald.com**

1: Colliers gefertigt aus Kunststoff und Metallperlen aus Altbeständen im Art-Deco-Stil. 2: Johanna Kölbl. 3: Das Kunsthandwerksgeschäft in der Falkestraße 6. 4: Große Hohlglasperlen aus Murano. 5: Breite Manschetten für den Arm, Kollektion aus Glas in limitierter Auflage, aus Altbeständen. 6: Messing und Bronzegüsse aus Westafrika. Jedes Teil ein Unikat, gefertigt in der sogenannten „Verlorenen Form".

Wiener Schatzkiste

Perleninteressierte, die Wien besuchen, sollten nicht versäumen, eine „Perlenadresse" der besonderen Art, das „Kunsthandwerksgeschäft" der ehemaligen Reisebürokauffrau Johanna Kölbl, Falkestraße 6 im 1. Bezirk, aufzusuchen. Seit 16 Jahren ist es eine Fundgrube für alte und neue Perlen aus aller Welt in sämtlichen Stilrichtungen, allen Größen. Auf die Schnelle kann man gar nicht erfassen, was alles angeboten wird. Moderne Komponenten, wie z. B. Kunststoffschläuche bringt sie aus Paris mit. Ihr Kommentar: „Ich schau immer, dass ich neue Materialien bekomme. Sonst wird's mir zu langweilig. Manchmal weiß ich erst mal gar nicht, was ich daraus machen werde, doch das ergibt sich. Mich interessieren Formen. Die Inspiration kommt aus dem Kopf, eins ergibt das andere. Ich habe kreative Schübe, da kann ich gar nicht aufhören zu gestalten." Johanna Kölbl ist viel nach Indien und Afrika gereist, von wo sie Perlen – nicht nur aus Glas – mitbrachte. So hängen ausdrucksstarke, selbst gefertigte Ketten und Armbänder aus traditionellen wie neuartigen Ingredienzen aus. www.koelbl-perlen.at

Uns erreichte

In Ihrer aktuellen Ausgabe von Perlen Poesie berichten Sie auf Seite 63, Häkelketten in lauwarmes Wasser zu legen, um sie geschmeidiger zu machen. Das funktioniert aber leider nur mit Perlen die waschbeständig sind. Bei nicht waschbeständigen Perlen kann das Tauchbad dazuführen, dass die Perlen abfärben bzw. ausbleichen.

Heike Fischer

Antwort der Redaktion: Vielen Dank für den Hinweis. Bitte vorher immer Test durchführen,ob die Perlen „wasserfest" sind.

Hallo liebes Perlen-Poesie-Team, ich möchte Euch sagen, dass ich es kaum fassen konnte, als ich im Juni 09 in meinem Perlenladen stand und tatsächlich eine deutsche Perlenzeitung – Eure! – gesehen habe. Na endlich! Die Aufmachung ist super. Was ich schade finde, ist, dass sich die Schmuckstücke sehr an den amerikanischen orientieren, was leider so gar nicht mein Geschmack ist. Ich finde sie oft zu kitschig, zu „madamig". Es wäre toll, wenn Ihr auch etwas Schlichteres, gerne Raffiniertes, anbieten würdet. (Das Spiral-Armband aus dem 1. Heft finde ich sehr schön und hat mir schon oft aus der Klemme geholfen, wenn ich mal kein passendes Geschenk zur Hand hatte – zur großen Freude der Beschenkten.) **Die Idee mit der eigenen Perlenmesse finde ich super!!!** Macht weiter so, ich hoffe, noch lange von Euch zu hören ...

Barbara Pöplau

Sehr geehrte Damen und Herren, ich habe das Heft Perlen Poesie Nr. 4/2010 gekauft und das **Armband „Rococo"** auf Seite 34 ff. ausprobiert. Leider musste ich feststellen, dass in den verschiedenen „Schritten" Farbfehler eingebaut sind. Z.B. in der Abbildung 12, Reihe 13 und 14, von der Mitte aus 5 Perlen links, müssten 2 blaue statt schwarze Perlen eingezeichnet sein. In Abbildung 13 sind diese auch blau. Aber wenn ich Schritt für Schritt vorgehe, ist dies nicht sehr hilfreich. Weiter geht es in Abb. 13: Ziemlich in der Mitte müssten goldene statt schwarze Perlen erscheinen. Nächster Fehler in Abb. 18. Es fehlen wieder goldene Perlen, angezeigt sind schwarze. Ich bin der Meinung, dass man erwarten kann, dass die Vorlagen richtig sind.

Katrin Goller

Antwort der Redaktion: Sie haben natürlich recht: Die Vorlagen sollten stimmen. Aber bitte bedenken Sie, dass die farbige Umsetzung und Aufbereitung nicht ganz einfach ist. Wir geben uns größte Mühe, um Fehler und Ungenauigkeiten zu verhindern. Die Korrektur für das Armband ist auf der Internetseite unter: perlen-poesie.de/anleitungen zu finden.

Euer Magazin zu lesen ist so **entspannend und anregend zugleich wie ein Spaziergang am Strand**, finde ich. Vielen Dank! Ich bin erst seit einem drei viertel Jahr Fädlerin und will lernen!

G. B.

Auf Seite 62 (Perlen Poesie 4) hat Frau Birgit Krois aus Berlin nach traditionelle **Stammesperlenfädelei** gefragt. Zu diesem Thema kann ich das Buch „Zulu Inspired Beadwork" von Diane Fitzgerald empfehlen; Herausgeber: Interweave Press 2007.

Yvonne Bartetzko

Sehr geehrte Damen und Herren, in den meisten Perlenanleitungen wird mit Perlengrößen wie 11/0 oder 15/0 gearbeitet. Bei meinen alten Perlenbeständen bzw. bei Perlen, die man von deutschen Herstellern in den Geschäften vor Ort kaufen kann, sind die Größen in Millimetern angegeben. Könnten Sie vielleicht eine Tabelle veröffentlichen, in denen die **Perlenmaße miteinander verglichen** werden?

Gabriele Haller

Antwort der Redaktion: Hier ist der Größenvergleich!
Rocailles-Größe für Anfänger:
10/0 oder 9/0
13V = 8,0 mm
12V = 7,5 mm
0/0 = 7,0 mm
1/0 = 6,5 mm
2/0 = 6,0 mm
3/0 = 5,5 mm
4/0 = 5,0 mm
5/0 = 4,5 mm
6/0 = 4,0 mm
7/0 = 3,4 mm
8/0 = 3,1 mm
9/0 = 2,7 mm
10/0 = 2,3 mm
11/0 = 2,1 mm
12/0 = 1,9 mm
13/0 = 1,7 mm
14/0 = 1,6 mm
15/0 = 1,5 mm
16/0 = 1,3 mm
17/0 = 1,2 mm
18/0 = 1,1 mm
20/0 = 1,0 mm

Die Redaktion behält sich vor, Leserbriefe – bitte mit Anschrift und Telefonnummer – gekürzt zu veröffentlichen.

Traditioneller Obijime im Ryuko = Drachenpanzermuster mit 58 Spulen auf dem Taka Dai geflochten.

Halsschmuck mit Bergkristall. Kara Yatsu Muster mit 8 Spulen für Kumihimo - Scheibe und Marudai.

Gute Verbindung

Kumihimo bedeutet buchstäblich: „das Versammeln oder Bündeln von Fäden“

Die geflochtenen Bänder oder Schnüre wurden und werden für religiöse Zeremonien gebraucht sowie für rituelle Knoten, als Verschlüsse für Kleidung und zum Verschnüren von Geschenken. Teedosen wurden zum Beispiel früher mit sehr komplizierten Knoten verschlossen, um zu verhindern, dass der Tee vergiftet wurde, einmal geöffnete konnte der Knoten nicht wieder geschlossen werden!

Die Kumihimo-Technik ist ursprünglich aus China in der Mitte des 5. Jahrhunderts nach Japan gekommen. In den Zeitepochen Japans hat Kumihimo unterschiedliche Bedeutungen gehabt. In der „Heian-Zeit“ (784–1184 n. Chr.) zum Beispiel haben ausschließlich Mönche geflochten, da Kumihimo als Meditationsübung galt. Die Verwendung der Muster war streng reglementiert.

Aus dieser Zeit stammt der sogenannte Hirao-Gürtel. Er darf bis heute nur vom japanischen Kaiserpaar, dem Kronprinzen und Edelleuten der 3 höchsten Ränge getragen werden. Wenn das Kaiserhaus in traditioneller Kleidung fotografiert wird, ist dieser Gürtel zu erkennen. Bänder und Knoten waren ein Zeichen des sozialen Status. In der Zeit der Kriegerkaste der Samurai benötigte man für eine Rüstung ca. 250–300 Meter Band, um die Einzelteile zu befestigen. Die Kumihimo-Bänder wurden vor dem Tragen für 24 Stunden in eiskaltes Wasser gelegt, das hat die Seide zusätzlich zur sehr festen Flechtung noch widerstandsfähiger gemacht. Das funktioniert bis heute! Solche Bänder konnten fast nicht durchtrennt werden.

Die aktuell gebräuchliche Kumihimo-Technik beginnt in der Monoyama Periode (1573–1614). Erstmals wurden die Kimonos mit einer Art Obi, einem breiten geflochtenen weichen Band, gebunden. Dieser weiche Obi wurde mit einem Obijime, einem geflochtenen Band am Verrutschen gehindert. Für diese Flechttechnik gibt es viele alte Musterbücher.

Während der Meiji-Periode (1867–1912) verloren die Samurai an Bedeutung. Die Damen fingen an, sich westlich zu kleiden. Bänder wurden maschinell hergestellt und damit Massenware. Heute sind es 95 Prozent

Oben der runde, hölzerne Flechtstuhl, genannt Maru Dai. Andere Flechtstuhlarten sind der Aya Takedai, der Kaku Dai und der Taka Dai.

Halsschmuck mit Perlen. Im Musterwechsel mit 16 Spulen auf dem Marudai geflochten.

Blütenkette mit eingeflochtenen Perlen auf der Kumihimo-Scheibe mit 16 Strängen geflochten.

der Bänder die serienmäßig produziert werden, doch besteht eine rege Nachfrage nach den teuren und handgearbeiteten Bändern.

In Japan gibt es Kumihimo-Schulen. Der Unterricht ist kostspielig und streng. Die jetzige Kaiserin war als Kronprinzessin eine Förderin des Kumihimo. Jedes Jahr reisen die Hofdamen zu den berühmtesten Schulen im Lande, um den Bedarf des Hofes an Obi-Bändern einzukaufen.

Obwohl für seine streng-hierarchischen Traditionen bekannt, waren die japanischen Schulen bereit, auch Europäer als Schüler zu akzeptieren. Und einige mutige weibliche Senseis – Lehrmeisterinnen des Kumihimo – gingen sogar nach Europa und USA, um zu unterrichten. Kumihimo-Bücher in Deutsch gibt es, ebenso sehr erfahrene nichtjapanische Lehrer. Es haben sich viele neue Anwendungsmöglichkeiten entwickelt. Heute werden neben Seide auch andere Materialien, (z. B. Draht) verwendet. Kumihimo ist in der modernen Welt angekommen, ohne seine traditionellen Wurzeln zu verlieren.

Die Bänder werden auf hölzernen Flechtgeräten gearbeitet. Die Ausgangstechnik ist immer die gleiche. Dünne Seidenfäden werden gebündelt und auf Spulen gewickelt, die haben ein bestimmtes Gewicht. Bei Kaku Dai und Maru Dai wird für die Flechttechnik ein Gegengewicht benötigt, damit ein gleichmäßiges Muster entsteht. Beim Maru Dai hat es etwa die Hälfte des Spulengewichts.

Eine preisgünstigere und leicht zu erlernende Variante ist das Flechten auf der von Makiko Tada einer japanischen Kumihimo-Meisterin, entwickelten Kumihimo-Scheibe. Diese gibt es rund und quadratisch für unterschiedliche Muster. Sehr viele Maru Dai-Muster können auf diesen Scheiben geflochten werden – so wie die Arbeit, die für Perlen Poesie gemacht wurden. Je nach Muster und Garnstärke wird die 2 bis 5-fache Länge des fertigen Bandes benötigt. Als Material eignet sich jedes Garn, das sich nicht dehnt. Für Anfänger empfiehlt sich Baumwollhäkelgarn. Fäden, die länger als 70 cm sind, sollten auf ein Stück Pappe oder eine leere Garnspule gewickelt werden.

Frau Juliana Raskin-Schmitz ist seit 1984 „Botschafterin" in Sachen Kumihimo. Gelernt hat sie über viele Jahre im Museum für Ostasiatische Kunst in Köln, wo sie mehrwöchige Intensivkurse bei der ersten japanischen Kumihimo-Meisterin, die in Deutschland unterrichtete, Hoko Tokoro Sensei, besuchte. Sie hält weltweit Kontakte zu anderen Kumihimo-Meistern und hat 2000 den ersten Preis für Kumihimo einer Ausstellung in Cincinnati/USA für ein Band im traditionellen Drachen-Muster gewonnen. Frau Raskin-Schmitz hält Vorträge und gibt Kurse. www.kumihimo.de

Auszug aus einem Vortrag von
Juliana Raskin-Schmitz

„Kusari Kaku Yatsu“

Geflochtene Bänder auf der Kumihimo-Scheibe stellen zu Schmuckarbeiten eine interessante Ergänzung dar. Das Muster sollte anregen, sich mit der Vielfalt dieser Technik zu beschäftigen. Probieren Sie es mit eigenen Fäden und Farben!

Design von Juliana Raskin-Schmitz, Deutschland

Kusari Kaku Yatsu: Buntes Seidenband, 8 Fäden, 4 Farben

Dieses Band hat ein sehr einfaches Grundmuster und ist besonders für Anfänger geeignet. Durch das Verändern der Farbstellung entsteht „scheinbar“ ein anderes Muster.

Material

½	Strang Seidenfäden in Gelb (Weiss im Foto), Orange, Grün und Blau
1	Kumihimo-Scheibe
1	Schere
	Nähnadel
	Faden zum Abnähen des Bandes
2	Verschlusskappen mit Karabinerhaken oder anderem Verschluss

Tipp

Die japanische Seide und das japanische Kunstfasergarn Biron wird meist als kleines Päckchen mit 8 Strängen, vorgeschnitten auf 2,30 m, im Fachhandel angeboten. Man kann aber auch jedes andere Seide oder Kunstfasergarn verwenden. Sie brauchen sich nicht nur auf das Material unserer Beispiele zu beschränken. Die freie Auswahl macht diese Technik erst so richtig interessant.

Probieren Sie dieses Muster auch mit 2 Farben – dabei liegen sich die Farbpaare gegenüber.

①

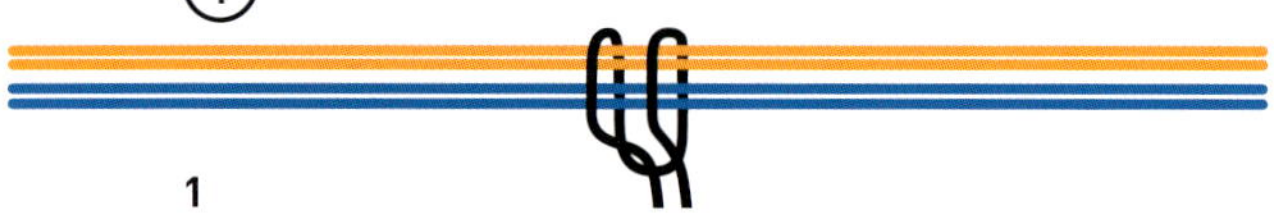

1
Die gewünschte Fadenlänge abschneiden und in der Mitte mit einem dünnen Hilfsfaden abbinden. Die Fäden, wie unten in beiden Mustern angegeben, auf der Oberseite der Scheibe verteilen, dabei von unten am Hilfsfaden festhalten. Durch das Einklemmen in die Schlitze entsteht Zug und Festigkeit der Flechtung.

②

2
Tipp: Befestigen Sie am Hilfsfaden ein kleines Gewicht, z. B. ein Angelgewicht. Die Flechtung wird dadurch schöner. Je mehr Gewicht, desto weicher wird das Band.

③

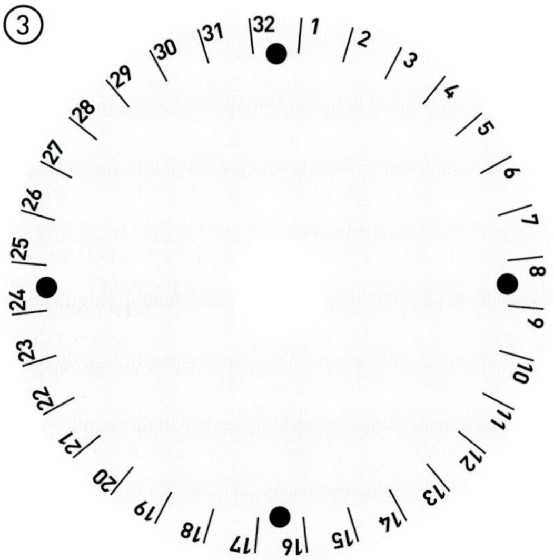

3
Kumihimo-Scheibe in der Ansicht.

④

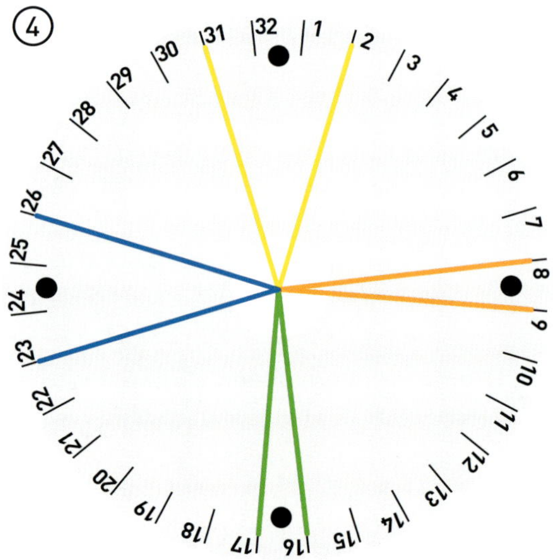

4
Anfangsposition Farbverteilung: Gelb auf Position 31+2, orange auf Position 8+9, grün auf Position 16+17, blau auf Position 23+26.

Zeit
Kosten
Grad

⑤

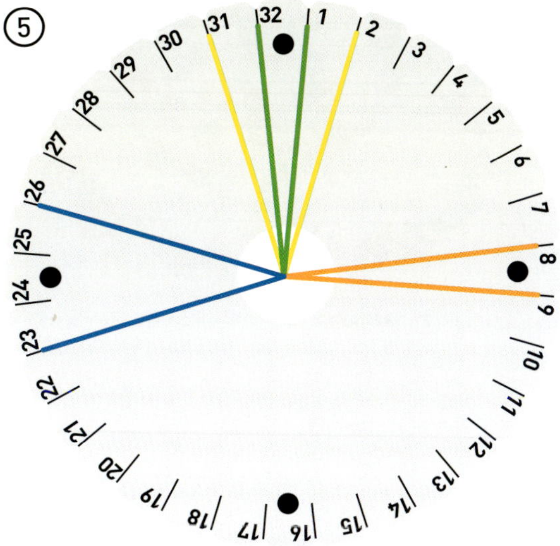

5
1. Schritt: Die grünen Fäden auf Position 16+17 werden zwischen die gelben Fäden auf Position 32+1 gelegt.

⑥

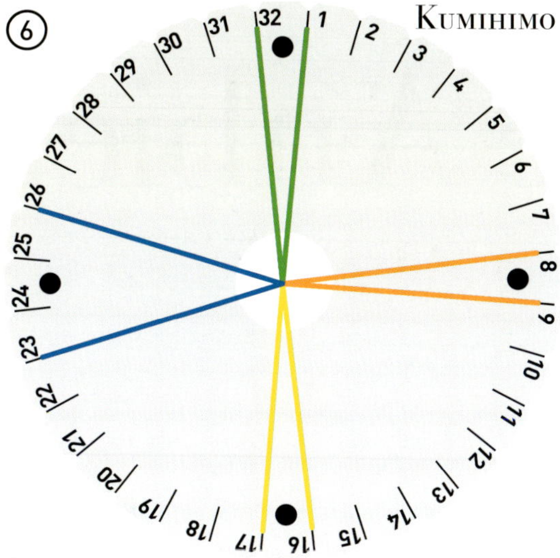

6
2. Schritt: Die gelben Fäden auf Position 31+2 werden auf Position 16+17 gelegt.

⑦

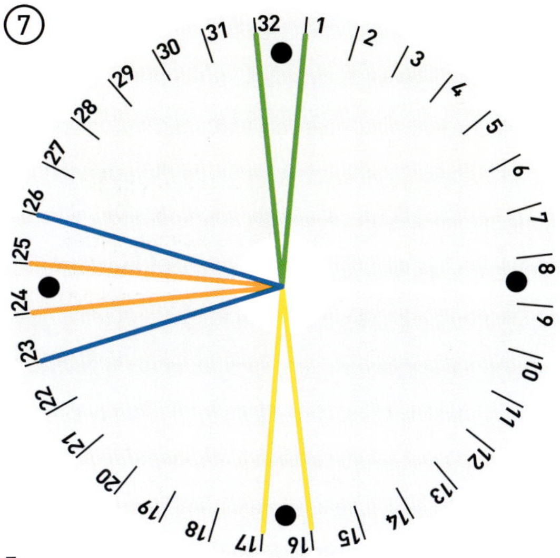

7
3. Schritt: Die orangen Fäden auf Position 8+9 werden zwischen die blauen Fäden auf Position 24+25 gelegt.

⑧

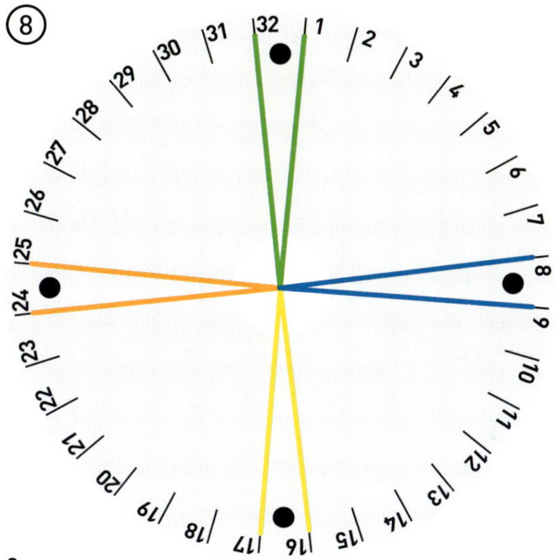

8
4. Schritt: Die blauen Fäden auf Position 26+23 werden auf Position 8+9 gelegt.

⑨

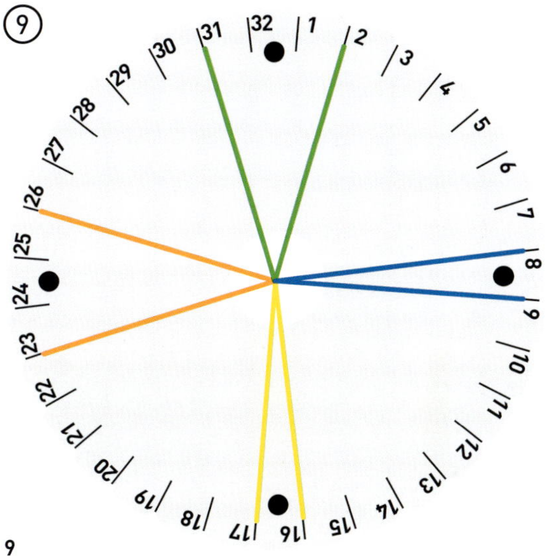

9
Grüne und orange Fäden einen Schlitz weiter legen zur Anfangsposition. Ab Schritt 1 wiederholen.

⑩

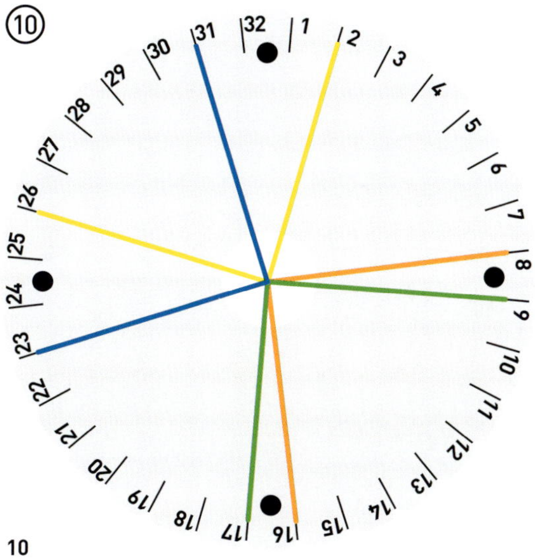

10
Nach ca. 6 cm die Farbposition ändern: blau auf 31, gelb auf 2, orange auf 8, grün auf 9, orange auf 16, grün auf 17, blau auf 23, gelb auf 26.

Als Verschluss für den Halsschmuck einen Karabinerhaken oder einen Magnetverschluss durch Festklemmen, Festkleben oder Annähen befestigen. Die Art der Befestigung hängt von den jeweils verwendeten Kettenverschlüssen ab.

Ab Schritt 1 wiederholen und bis zur gewünschten Länge weiterflechten. Die Enden mit einem Faden gleicher Farbe abnähen. ←

Ihre Anbieter

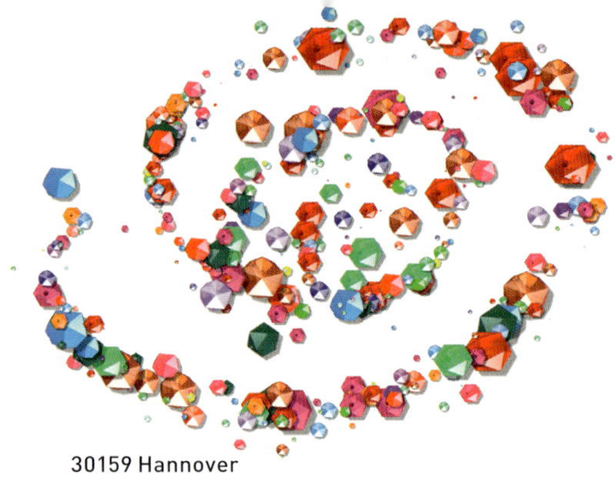

01069 Dresden
idee. Creativmarkt Dresden
Centrum-Galerie Dresden
Prager Str. 15
Tel.: 0351-4817027 Fax: 0351-4817028
dresden@idee-shop.de
www.idee-shop.de
Mo–Sa 10.00–20.00 Uhr
(Glas-)Perlen, Rocailles (Swarovski, Miyuki, Delica) und Schmuckzubehör in großer Auswahl, regelmäßige Schmuckbastel-Vorführungen

04109 Leipzig
idee. Creativmarkt Leipzig
Im Karstadt Warenhaus
Petersstraße 33–35
Tel.: 0341-2251975 Fax: 0341-2254341
leipzig@idee-shop.de
www.idee-shop.de
Mo–Sa 9.30–20.00 Uhr
(Glas-)Perlen, Rocailles (Swarovski, Miyuki, Delica) und Schmuckzubehör in großer Auswahl, regelmäßige Schmuckbastel-Vorführungen

06254 Günthersdorf
idee. Creativmarkt Günthersdorf
Im Einkaufszentrum nova eventis
Am Saalepark 1
Tel.: 034638-66812 Fax: 034638-66813
guenthersdorf@idee-shop.de
www.idee-shop.de
Mo–Do & Sa 10.00–20.00, Fr 10.00–22.00 Uhr
(Glas-)Perlen, Rocailles (Swarovski, Miyuki, Delica) und Schmuckzubehör in großer Auswahl, regelmäßige Schmuckbastel-Workshops

09123 Chemnitz
Die Klöppelkiste
Gabriele Kister-Schuler
Wasserschloßweg 6 (Wasserschloß Klaffenbach)
Tel./Fax: 0371-2600743
kloeppelkiste@t-online.de
www.kloeppelkiste.de www.kumihimo.biz
Di–So, Feiertage 11–17 Uhr und Onlineshop
Schwerpunkte: Alles für Kumihimo, Strickliesel, Strickgabel, Wikinger Strickliesel, Draht in vielen Farben und mehreren Stärken (z.B. für Strickliesel u. Wikinger Strickliesel), Dekoartikel, Schmuckzubehör, Glasanhänger.

10119 Berlin
Pearls Planet
Auguststraße 52
Tel.: 030-50597470
info@pearlsplanet-berlin.de
www.pearlsplanet-berlin.de
Mo–Fr 11.00–19.00, Sa 11.00–18.00 Uhr
Riesenauswahl an tschechischen Glasperlen, Minirocailles 12/0–18/0, alte Minis (ca. 100 Jahre alt), Delicas von Miyuki 11/0, Workshops

10627 Berlin
idee. Creativmarkt Berlin
Kant-Center
Wilmersdorfer Straße 108–111
Tel.: 030-31997035 Fax: 030-31997094
berlin@idee-shop.de
www.idee-shop.de
Mo–Sa 10.00–20.00 Uhr
(Glas-)Perlen, Rocailles (Swarovski, Miyuki, Delica) und Schmuckzubehör in großer Auswahl, regelmäßige Schmuckbastel-Kurse

10789 Berlin
idee. Creativmarkt im KaDeWe
Direkter Zugang über Passauer Straße 1–3
Tel.: 030-21235615 Fax: 030-21235620
kadewe@idee-shop.de
www.idee-shop.de
Mo–Do 10.00–20.00, Fr 10.00–21.00 Uhr, Sa 9.30–20.00 Uhr
(Glas-)Perlen, Rocailles (Swarovski, Miyuki, Delica) und Schmuckzubehör in großer Auswahl, regelmäßige Schmuckbastel-Kurse

14467 Potsdam
Perlentaucher
Astrid Osterwald
Benkertstr. 9
Tel.: 0331-6256923
astridosterwald@web.de
www.perlentaucher-potsdam.de
Di–Sa 11.00–18.00, So 12.00–18.00 Uhr
Handgef. Glasperlen a. Muranoglas, böhm. Glas, Perlen a. aller Welt, Rocailles, Swarovski, Zubeh., Silber, Kurse, Onlineshop, eig. Schmuckkreat., antike Perlen u. Schmuck, Edelsteine, Zuchtperlen u. v. m.

20095 Hamburg
idee. Creativmarkt Hamburg
Europa Passage
Ballindamm 40
Tel.: 040-33395071 Fax: 040-33395073
hamburg@idee-shop.de
www.idee-shop.de
Mo–Sa 10.00–20.00 Uhr
(Glas-)Perlen, Rocailles (Swarovski, Miyuki, Delica) und Schmuckzubehör in großer Auswahl, regelmäßige Schmuckbastel-Kurse

20355 Hamburg
Tautropfen
Brüderstr. 14
Tel.: 040-344351 Fax: 040-25714404
info@tautropfen.net
www.tautropfen.net
Mo–Fr 10.00–14.00, 15.00–19.00 Uhr
Unikatglasperlen, Schmuckzubehör, Kristallbehang

21075 Hamburg
Perlenträume
Holger Burkhardt
Feldnerstr. 2
Tel.: 040-33395133, Fax: 040-333951133
HHPerlen@aol.com
www.PundH-Perlen.de
Mo + Di 13.00–18.00, Mi–Fr 10.00–18.00, Sa 10.00–14.00 Uhr
Sehr große Auswahl an Crystallized Swarovski Elements, Böhmische Glasschliffperlen, Metallzwischenteile, Rocailles, Kurse, eigene Schmuck-Kreationen und Schmuckzubehör

28195 Bremen
idee. Creativmarkt Bremen
Hutfilter Straße 24–26
Tel.: 0421-16899720 Fax: 0421-16899721
bremen@idee-shop.de
www.idee-shop.de
Mo–Fr 10.00–20.00 Uhr, Sa 10.00–19.00 Uhr
(Glas-)Perlen, Rocailles (Swarovski, Miyuki, Delica) und Schmuckzubehör in großer Auswahl, regelmäßige Schmuckbastel-Vorführungen

28876 Oyten
Galeria Perla
Anke Glauche
Borsteler Straße 48
Tel.: 04207-7788 Fax: 04207-695510
Di 15.00–18.00 Uhr
mail: galeriaperla@freenet.de
www.galeriaperla.de
Schmuckzubehör, Gold- und Silberperlen, Verschlüsse und Edelsteine

30159 Hannover
idee. Creativmarkt Hannover
Schmiedestr. 24
Tel.: 0511-1692244 Fax: 0511-2352270
hannover@idee-shop.de
www.idee-shop.de
Mo–Fr 10.00–19.00, Sa 10.00–18.00 Uhr
(Glas-)Perlen, Rocailles (Swarovski, Miyuki, Delica) und Schmuckzubehör in großer Auswahl, regelmäßige Schmuckbastel-Vorführungen

30159 Hannover
SeePerlen
Claudia Kennel
Knochenhauer Str. 20
Tel.: 0511-37484047
info@seeperlen.de
www.seeperlen.de
Mo– Fr 11.00–18.00, Sa 11.00– 16.00 Uhr
Tausende von Perlarten aus aller Welt (Glas, Horn, Keramik, Metalle, Miyuki, Swarovski etc.), alle Arten von Zubehör, Spezialität: Künstlerperlen, Kurse, Unikat-Schmuck, Kollektion „ANOA", in Kürze: Unikat-Knöpfe, Kräuterperlen

30161 Hannover
Tiffany-Corner/Perlerin
Helmut Geers u. Hans Peter Düske
Gretchenstraße 6
Tel.: 0511-345518 Fax: 0511-345545
info@tiffany-hannover.de
www.tiffany-hannover.de
Mo– Fr 10.30–18.30, Sa 10.30–15.00 Uhr
Perlen aus aller Welt. Riesige Auswahl an: Holz, Horn, Knochen, Polaris, Swarovski, Silber, Metall, Kunststoff, Glas, Rocailles u.v.m. Verschlüsse und Aufziehmaterialien aller Art. Kurse für Ketten und Glasperlenherstellen. Werkzeug u. Literatur

30625 Hannover
RosaReich®
Scheidestraße 24a
Tel.: 0511-30025215 Fax: 0511-2702692
info@rosareich.de
www.rosareich.de
Mo. + Mi. + Fr. 15–18, Di. + Do. 11–13 & 15–18 Uhr, Sa. 11–13 Uhr
Perlen aus aller Welt, Rocailles (Miyuki, Delicas) Verschlüsse, Perlen, Zwischenteile und Anhänger aus Metall, Schmucksteine, Schmuckmaterial und komplettes Zubehör (u. a. Beadalon), eigene Schmuckmarke RosaReich®, Online Shop, Kursangebote aktuell auf der Website

33332 Gütersloh
www.traumperle.de
Gartenstr. 16–18
Tel.: 05241-6010769 Fax: 05241-961446
tanja@traumperle.de
www.traumperle.de
Di + Do 14.30–19.30, Mi 9.30–13.00 Uhr
Sa 10.00–14.00 Uhr
ca. 8.000 Artikel im Sortiment, große Auswahl an Swarovski- u. Miyuki-Perlen, Workshop 1x Woche

33602 Bielefeld
idee. Creativmarkt Bielefeld
Einkaufszentrum Marktpassage
Bahnhofstraße 27a
Tel: 0521-66643 Fax: 0521-66681
bielefeld@idee-shop.de
www.idee-shop.de
Mo–Mi 10.00–19.00, Do–Fr 10.00–20.00 Uhr, Sa 10.00–18.00 Uhr, jeder 1. Sa im Monat 10.00–20.00 Uhr (Glas-)Perlen, Rocailles (Swarovski, Miyuki, Delica) und Schmuckzubehör in großer Auswahl, regelmäßige Schmuckbastel-Vorführungen

38100 Braunschweig
idee. Creativmarkt Braunschweig
Schloss-Arkaden
Platz am Ritterbrunnen 1
Tel.: 0531-2403641 Fax: 0531-2403642
braunschweig@idee-shop.de
www.idee-shop.de
Mo–Sa 9.30–20.00 Uhr
(Glas-)Perlen, Rocailles (Swarovski, Miyuki, Delica) und Schmuckzubehör in großer Auswahl, regelmäßige Schmuckbastel-Vorführungen

41061 Mönchengladbach
idee. Creativmarkt Mönchengladbach
Hindenburgstraße 20–22
Tel.: 02161-16428 Fax: 02161-207789
moenchengladbach@idee-shop.de
www.idee-shop.de
Mo–Fr 10.00–19.00, Sa 10.00–16.00 Uhr
(Glas-)Perlen, Rocailles (Swarovski, Miyuki, Delica) und Schmuckzubehör in großer Auswahl, regelmäßige Schmuckbastel-Vorführungen

41812 Erkelenz
Perlen und mehr
Claudia Mohr
In Lövenich 45
Tel.: 02435-980338, Fax: 02435-980339
info@perlenundmehr.eu
www.perlenundmehr.eu
Mo–Fr 15.00 - 18.00, Mi + Sa 9.00–12.00 Uhr
Glasperlen (Swarovski, Polaris, Delica, Tolio), Schmuckzubehör, Glasperlenwickeln-Zubehör und Kurse, Schmuckbastelkurse

41836 Hückelhoven
HS-Store
Weserstr. 7
Tel.: 02433-4456050 Fax: 02433-4456099
info@hs-store.de
www.hs-store.de
Mo–Fr 10.00–18.00, Sa 10.00–14.00 Uhr
Perlen, Swarovski, Pappen, Farben

42103 Wuppertal-Elberfeld
Obsidian
Cornelia Eppel
Friedrich-Ebert-Str. 72
Tel.: 0202-7581490 Fax: 0202-2818121
www.go-obsidian.de
Mo–Fr 10.00–18.30, Sa 10.00–14.00 Uhr
Glasperlen, Swarovski Elements, Silberperlen, Mineralien, Bleikristall, Unikatschmuck, handgedrehte Glasperlen, Workshops, Schmuckzubehör

42109 Wuppertal
Pujalu
Hainstr. 220b
Tel.: 0202-84828 Fax:0202-8709991
info@pujalu.de
www.pujalu.de
Mo + Fr 15.00–19.00, Di + Do 9.00–13.00 Uhr, Sa 10.00–14.00 Uhr
Perlen Swarovski, Delica, Miyuki, Holz, Fell, Filz, Metallzwischenteile, komplettes Zubehör in Echt Silber oder Metall, Leder, Kautschuk, Bänder und Wechselringe

44135 Dortmund
idee. Creativmarkt Dortmund
Ostenhellweg 35
Tel.: 0231-521913 Fax: 0231-553540
dortmund@idee-shop.de
www.idee-shop.de
Mo–Sa 10.00–19.00 Uhr
(Glas-)Perlen, Rocailles (Swarovski, Miyuki, Delica) und Schmuckzubehör in großer Auswahl, regelmäßige Schmuckbastel-Vorführungen

44225 Dortmund
Der Stickladen Wolle–Perlen und mehr ...
B. Peltner & C. Jung GbR
Harkortstr. 73
Tel.: 0231-710349
b-peltner@gmx.de
www.stickladen-dortmund.de
Mo–Fr 9.30–13.00 und 14.30–18.00 Uhr, Sa 9.30–13.00 Uhr
Wolle–Knöpfe–Delicas–Swarovskiperlen–Rocailles–Glasperlen–Zubehör–Bücher
Wir bieten auch Kurse zum Perlenkettenfädeln und -häkeln an. Besuchen Sie uns – wir nehmen uns Zeit für Sie.

44227 Dortmund
Schmuckgalarie
Verk. Sischima
Stockumer Straße 455
Tel.: 0170-2424895
www.dawanda.de, www.querbeads-beads.blogspot.com
Mo–Fr 9.30-17.00 Uhr
handgem. Glasperlen, Glasperlenschmuck, handgem. Silberschmuck

44263 Dortmund
Der Stickladen Wolle–Perlen und mehr...
B. Peltner & C. Jung GbR
Hermannstr. 66
Tel.: 0231-56777017
b-peltner@gmx.de
www.stickladen-dortmund.de
Mo–Fr 9.30–13.00 und 14.30–18.00 Uhr, Sa 9.30–13.00 Uhr
Wolle-Knöpfe-Delicas-Swarovskiperlen-Rocailles-Glasperlen-Zubehör-Bücher
Wir bieten auch Kurse zum Perlenketten fädeln und häkeln an. Besuchen Sie uns–wir nehmen uns Zeit für Sie.

44623 Herne
Kreativ Lounge
Viktor-Reuter-Str. 9
Tel.: 02323-3649132
info@kreativ-lounge.com
www.kreativ-lounge.com
Di, Mi, Fr 10.00–13.00, 15.00–18.00 Uhr, Do 12.00–19.00, Sa 10.00–14.00 Uhr
Perlen, Kunst und mehr, montags Kurstag

44787 Bochum
idee. Creativmarkt Bochum
Hans-Böckler-Straße 8
Tel.: 0234-67972 Fax: 0234-16227
bochum@idee-shop.de
www.idee-shop.de
Mo–Fr 9.30–19.00, Sa 10.00–18.00 Uhr
(Glas-)Perlen, Rocailles (Swarovski, Miyuki, Delica) und Schmuckzubehör in großer Auswahl, regelmäßige Schmuckbastel-Vorführungen

44789 Bochum
Perle S. Hautmann
Hans-Ehrenberg-Platz 1
Tel.: 0234-3254041
Mo–Fr 9.00–18.30, Sa 9.00–14.00 Uhr
Breitgefächertes Sortiment, Kursangebot, direkt an der U-Bahn-Haltestelle Schauspielhaus 308/318

44791 Bochum
idee. Creativmarkt im Ruhr-Park
Im Ruhr-Park Bochum
Am Einkaufszentrum 24
Tel.: 0234-61065578 Fax: 0234-61065579
ruhrpark@idee-shop.de
www.idee-shop.de
Mo–Sa 10.00–20.00 Uhr
(Glas-)Perlen, Rocailles (Swarovski, Miyuki, Delica) und Schmuckzubehör in großer Auswahl, regelmäßige Schmuckbastel-Vorführungen

45127 Essen
idee. Creativmarkt Essen
I.-Weber-Straße 7
Tel.: 0201-239327 Fax: 0201-238312
essen@idee-shop.de
www.idee-shop.de
Mo–Fr 9.30–19.00, Sa 9.30–18.00 Uhr
(Glas-)Perlen, Rocailles (Swarovski, Miyuki, Delica) und Schmuckzubehör in großer Auswahl, regelmäßige Schmuckbastel-Vorführungen

45128 Essen
Steinchen – der Perlenhimmel
B. Stieb
Huyssenallee 9
Tel.: 0201-2200575
www.steinchen-essen.de
Di–Fr 11.00–18.30, Sa 10.00–15.00 Uhr
Erster Swarovski Recommended Store in Deutschland, sehr große Auswahl an CRYSTALLIZED ™ – Swarovski Elements, über 11.500 Gläser mit verschiedenen Perlen (Glas, Echtsteine, Holz, Silber-/Metallzwischenteile), Schmuckzubehör (Verschlüsse, Draht, Gummi), unterschied. Rocailles (u. a. Miyuki, Delica; Matsuno), s. gr. Auswahl an handgefertigtem (Mode-)Schmuck, Workshops u. v. m.

45468 Mülheim
idee. Creativmarkt Mülheim
Im Forum City Mülheim
Hans-Böckler-Platz 10
Tel.: 0208-383208 Fax 0208-382685
muelheim@idee-shop.de
www.idee-shop.de
Mo–Fr 10.00–20.00, Sa 9.30–18.00 Uhr
(Glas-)Perlen, Rocailles (Swarovski, Miyuki, Delica) und Schmuckzubehör in großer Auswahl, regelmäßige Schmuckbastel-Vorführungen

45472 Mülheim/Ruhr
aufDraht Perlenwerkstatt
Jutta Tolzmann
Mühlenfeld 72
Tel.0208-432895
Mo 9.00–12.30 + 15.00–18.00, Do 15.00–18.00 Uhr u. nach Vereinbarung
Schmuck, breit gefächertes Sortiment an Perlen und Zubehör, Kursangebot für Anfänger und Fortgeschrittene. Nähe A40 oder U-Bahn-Haltestelle U18 Mühlenfeld

45891 Gelsenkirchen
Ideen Werkstatt
Am Fettingkotten 45
Tel.: 0209-9567660 Fax: 0209-9567661
info@ideenwerkstatt-nk.de
www.ideenwerkstatt-nk.de
Di–Fr 10.00–13.00, 15.00–18.00, Sa 10.00–14.00 Uhr
Schmuck, Glasperlen und Zubehör, Schmuckkurse

47443 Moers
Magic and Arts
Dagmar Dahlen-Tayab
Kirschenallee 15
Tel.: 02841-6079658, Fax: 02841-6079657
dahlen-tayab@arcor.de
www.magic-and-arts.com
Öffnungszeiten nach Vereinbarung
Große Auswahl an Silberperlen, Schmuckzubehör, Perlen aus aller Welt

47495 Rheinberg
Creaktivo
Dieter Ströbel
Zu den Stationen 2
Tel.: 02843-909900
Fax: 02843-9599338
kontakt@creaktivo.de
www.creaktivo.de
Mo–Fr 9.30–18.30, Sa 9.30–13.00 Uhr
Rayher-Stützpunkthändler, Großer Perlen-Onlineshop

47839 Krefeld
Der Perlenstand
Krefelder Str. 66
Tel.: 02151-734965 Fax: 02151-3605539
inge.gielen@t-online.de
www.derperlenstand.de
Di–Fr 10.00–18.30, Sa 10.00–14.00 Uhr
Delicas, Swarovski, Polaris, Rocailles, Silber

48143 Münster
idee Creativmarkt Münster
Salzhof
Salzstraße 26
Tel.: 0251-4828869 Fax: 0251-4828870
muenster@idee-shop.de
www.idee-shop.de
Mo–Fr 10.00–19.30, Sa 10.00–18.00 Uhr
(Glas-)Perlen, Rocailles (Swarovski, Miyuki, Delica) und Schmuckzubehör in großer Auswahl, regelmäßige Schmuckbastel-Vorführungen

50667 Köln
idee Creativmarkt Köln
Richmodstraße 6–8
Tel.: 0221-9253753 Fax: 0221-9253754
koeln@idee-shop.de
www.idee-shop.de
Mo–Fr 10.00–19.00, Sa 10.00–18.00 Uhr
(Glas-)Perlen, Rocailles (Swarovski, Miyuki, Delica) und Schmuckzubehör in großer Auswahl

→

50935 Köln-Lindenthal
PerlenZauberLand
Anja Scheffler
Lindenthal Gürtel 75
Tel.: 0221-94653049
anja.scheffler@perlenzauberland.de
www.perlenzauberland.de
Di, Mi, Fr 10.30–18.30, Do 12.00–18.00,
Sa 10.30–14.00 Uhr
Edelsteinperlen, große Auswahl an Zubehör- und Zwischenteilen in 925 Silber, CRYSTALLIZED Swarovski Elements, handgemachte Glasperlen, Miyuki-Delicas, eigenes Schmuckdesign, Unikatanfertigung. Aktuelle Perlen Poesie vorrätig

50996 Köln
Perlenkunst Kreatives Atelier
Renate Hofmeier
Maternusstraße 32
Tel.: 0221-80042679 Fax: 02233-922527
renate.hofmeier@perlatelier.de
www.perlatelier.de
Öffnungszeiten s. Internet
Delicas, Polaris, Muranoglas, tsch. Perlen, Silber, Metall, Glasperlen aller Art, Edelsteine, Workshops

51429 Bergisch Gladbach-Bensberg
Glasperlenspiele
Schlossstraße 82a
Tel.: 02204-987280 Fax: 02204-987314
info@glasperlen-und-mehr.de
www.glasperlen-und-mehr.de
www.glasperlenspiele.com
Di–Fr 10.00–18.30, Sa 10.00–16.00 Uhr
Handgemachte Glasperlen, Edelsteinperlen, Silber, über 400 Sorten Rocailles, CRYSTALLIZED™ Swarovski Elements, eigenes Schmuckdesign, Online-Shop

52066 Aachen
Perlenkasten
M. Molzberger
Piusstr. 20
Tel.: 0241-94352825
info@perlenkasten.de
www.perlenkasten.de
Mo 15.00–18.00, Mi 9.00–12.00, Do 18.00–21.00 Uhr
handgewickelte Glasperlen, riesige Auswahl an Perlen aller Arten und sämtliches Zubehör

53111 Bonn
idee. Creativmarkt Bonn
Loggia am Stadthaus
Thomas-Mann-Straße 2–4
Tel.: 0228-7667755 Fax: 0228-7667756
bonn@idee-shop.de
www.idee-shop.de
Mo–Sa 9.30–19.00 Uhr
(Glas-)Perlen, Rocailles (Swarovski, Miyuki, Delica) und Schmuckzubehör in großer Auswahl, regelmäßige Schmuckbastel-Vorführungen

53177 Bonn-Bad Godesberg
Das Perlament
Petra Tismer
Brunnenallee 4
Tel.: 0228-3681304
www.das-perlament.de
Di–Fr 11.00–18.00, Sa 10.00–16.00 Uhr
Wir führen: Crystallized Swarovski Elements, über 1000 verschiedene Toho-Perlen, Polaris-, Kashmiri-, Keramik-, Muranoglas- und Horn-Perlen, Halbedelsteine und Süßwasserperlen, Metall- und Silber-Elemente und vieles, vieles mehr

58095 Hagen
idee Creativmarkt Hagen
Elberfelder Straße 64
Tel.: 02331-22516 Fax: 02331-25318
idee-hagen@t-online.de
www.idee-shop.de
Mo–Fr 9.30–19.00, Sa 10.00–16.00 Uhr
(Glas-)Perlen, Rocailles (Swarovski, Miyuki, Delica) und Schmuckzubehör in großer Auswahl

58455 Witten
Beas Perlenstübchen
Beate Ording
Hevener Straße 17
Tel.: 02302-9786144
perlenstuebchen@aol.com
www.beas-perlenstuebchen.de
Di–Fr 10.00–13.00 und 15.00–18.30, Sa 10.00–14.00 Uhr
Große Auswahl an Miyuki, Toho, Glas und Swarovski-Perlen – einzeln oder ab 1 g zu kaufen! Kurse nach Terminabsprache! Wir helfen bei Anleitungen! Es lohnt sich! Ring Ding erhältlich!

59302 Oelde
Modeschmuck und Accessoires
Heike Weiner
Am Dahleck 6
Tel.: 02520-1611 Fax: 02520-1894
info@modeschmuck-weiner.de
www.modeschmuck-weiner.de
Di 15.00–19.00, Do 15.00–19.00 Uhr
Swarovski, Halbedelsteine, Glasperlen, Silberzubehör u. v. m.

60313 Frankfurt
idee. Creativmarkt Frankfurt
Schäfergasse 14
Tel.: 069-13388197 Fax: 069-13388198
frankfurt@idee-shop.de
www.idee-shop.de
Mo–Fr 10.00–20.00, Sa 10.00–19.00 Uhr
(Glas-)Perlen, Rocailles (Swarovski, Miyuki, Delica) und Schmuckzubehör in großer Auswahl, regelmäßige Schmuckbastel-Vorführungen

64283 Darmstadt
Creative Beads
CB Handelsgesellschaft mbH
Wilhelminenstr. 9
Tel.: 06151-294060 Fax: 06151-294081
verkauf@creative-beads.de
www.creative-beads.de
Mo–Sa 10.00–19.00 Uhr

70173 Stuttgart
idee. Creativmarkt Stuttgart
Kronenstraße 4
Tel.: 0711-2536088 Fax: 0711-2536089
stuttgart@idee-shop.de
www.idee-shop.de
Mo–Sa 9.30–20.00 Uhr
(Glas-)Perlen, Rocailles (Swarovski, Miyuki, Delica) und Schmuckzubehör in großer Auswahl, regelmäßige Schmuckbastel-Vorführungen

78462 Konstanz
SeePerlen
Claudia Kennel
Salmannsweilergasse 6
Tel.: 07531-28465
info@seeperlen.de
www.seeperlen.de
Mo–Fr 11.00–18.00, Sa 11.00–16.00 Uhr
Tausende von Perlarten aus aller Welt (Glas, Horn, Keramik, Metalle, Miyuki, Swarovski etc.), alle Arten von Zubehör, Spezialität: Künstlerperlen, Kurse, Unikat-Schmuck, Kollektion „ANOA", in Kürze: Unikat-Knöpfe, Kräuterperlen

79098 Freiburg
idee Creativmarkt Freiburg
Kaiser-Joseph-Straße 209
Tel.: 0761-2854970 Fax: 0761-2854961
freiburg@idee-shop.de
www.idee-shop.de
Mo–Fr 9.30–19.00, Sa 9.30–18.00 Uhr
(Glas-)Perlen, Rocailles (Swarovski, Miyuki, Delica) und Schmuckzubehör in großer Auswahl

80335 München
idee. Creativmarkt München
Bayerstraße 3–5 (im Mathäser)
Tel.: 089-54541912 Fax: 089-54541973
muenchen@idee-shop.de
www.idee-shop.de
Mo–Sa 10.00–20.00 Uhr
(Glas-)Perlen, Rocailles (Swarovski, Miyuki, Delica) und Schmuckzubehör in großer Auswahl, regelmäßige Schmuckbastel-Vorführungen

80801 München
Perlenmarkt Franke GmbH
Nordendstr. 28
Tel.: 089-2710576 Fax.:089-2716534
info@perlenmarkt.de
www.perlenmarkt.de
Mo–Mi 10.00–19.00, Do 10.00–20.00 Uhr,
Sa 10.00–16.00 Uhr
Swarovski

86150 Augsburg
Perletti
Dagmar Rippl
Barfüßer-Str.8
Tel.: 0821-704877 Fax: 0821-704877
perletti@web.de
www.perletti.de
Mo–Fr 11.00–18.00, Sa 11.00–14.00 Uhr
Handgewickelte Glasperlen/Unikatschmuck

88499 Riedlingen
Märkle Shop
Elke Märkle
Ziegelhüttenstr. 46
Tel.: 07371-909668 Fax: 07371-909670
info@maerkle-shop.de
www.maerkle-shop.de
Mo, Di, Do, Fr 9.30–11.30 + 15.00–18.00 Uhr
sowie nach Voranmeldung
Perlen, Schmuckzubehör, Perlenmacherzubehör, Edelsteine, Wechselschmuckkomponenten, Onlineshop

90403 Nürnberg
Wahnmachtsinn – Kleinodien
Evelyn Pürschel
Trödelmarkt 25
Tel.: 0911-92784784
look@wahnmachtsinn.de
www.wahnmachtsinn.de
Di–Fr 11.00–18.00, Sa 11.00–16.00 Uhr
Glasperlen jeder Fasson, Kashmiri- u. Edelsteinperlen, Swarovski, TOHO, Miyuki Delicas, TierraCast, Vintaj Brass, Polaris, ausgefallene Metallelemente, Süsswasserperlen, Werkzeug, Aufbewahrung, Kurse, exklusiver Schmuck

93040 Regensburg
Kunstgewerbe Mücke
Dr. Robert Mücke
Hackengässchen 6
(Eingang unter den Schwibbögen)
Tel.: 0941-58612295 Fax: 0941-58612296
kunstgewerbe-muecke@t-online.de
www.kunstgewerbe-muecke.de
Mo–Fr 10.00–18.00, Sa 10.00–13.00 Uhr
Komplettes Swarovski-create-your-style-Sortiment, Toho-Perlen, Polaris, Glasperlen aller Art, Groß- und Einzelhandel

93186 Schwetzendorf/Gemeinde Pettendorf
Kunsthaltig
Claudia Flügel-Eber
Amselweg 2
Tel: 09404-95 42 32, Fax: 09404-95 38 41
info@kunsthaltig.de
www.kunsthaltig.de
Di 14.00–18.00, Mi 11.00–18.00, Do 10.00–18.00 Uhr u.n. Vereinbarung! Ferien: geänd. Öffnungsz.; s. Homepage! Handgewickelte Designer-Glasperlen und Perlen aus aller Welt (z.B. Glas, Keramik, Perlmutt, Lava, Aluminium, Holz), Metallzwischenteile, Silber u. vergold. Silber, Zubehör, Ring-Ding-Partner, Unikat-Schmuck, Schmuck-Kurse, Onlineshop

94032 Passau
Perlenwelt Passau
Rindermarkt 10 (Nähe Paulusbogen)
Tel. 0851 - 9666 820
kontakt@perlenwelt-passau.de
www.perlenwelt-passau.de
Mo–Fr. 10.00–18.00, Sa. 10.00–16.00 Uhr
Kurse Di.+ Do 18.00–20.00 Uhr
riesige Auswahl an (teilweise recht ausgefallenen) Perlen verschiedenster Materialien, Swarovski, Toho, französische Rocailles aus dem 19. Jh. (Restbestände), historische Perlen, Zubehör, Silber, Designer-Schmuck

97070 Würzburg
Perlenmarkt
Simone Räthel
Marktplatz 3 a, gegenüber Weinhaus Stachel
Tel.: 0931-58645, Fax: 0931-6608669
info@perlenmarkt-wuerzburg.de
www.perlenmarkt-wuerzburg.de

Mo–Do 9.30–18.00, Fr 9.30–19.00,
Sa 9.30–17.00 Uhr, im Dezember und
während der Sommerzeit täglich bis 19.00 Uhr
Workshops, besondere Knöpfe

Österreich
A-1010 Wien
4xBo
Bochorak Helena
Köllnerhofgasse 2
Tel.:+43(0)1-5127956
Mo–Fr 10.00–18.00, Sa 10.00–13.00 Uhr
Perlen aller Art, Österreichs größte Auswahl an Glasperlen u. Zubehör

A-2700 Wr. Neustadt
PERLEN KREATIV
Josef Blach
Brodtischgasse 28
Tel/Fax: +43 (0)2622-88575
info@perlenkreativ.com
www.perlenkreativ.com
Mo, Di, Mi 9.00–13.00, Do–Fr 9.00–18.00,
Sa 9.00–12.00 Uhr
Einzel- und Großhandel

A-5020 Salzburg
Perlenwelt Salzburg
Griesgasse 10 (neben Republic / Haus der Natur)
Tel. 0662 - 8480 9510
kontakt@perlenwelt.at
www.perlenwelt.at
Mo–Fr 10.00–18.00, Sa. 10.00–17.00 Uhr
Kurse Di. 18.00–20.00 Uhr
riesige Auswahl an (teilweise recht ausgefallenen) Perlen verschiedenster Materialien, Swarovski, Toho, französische Rocailles aus dem 19. Jh. (Restbestände), historische Perlen, Zubehör, Silber, Designer-Schmuck

Schweiz
CH-8610 Uster
Das GlasCafé GmbH
Laurie Glynn
Winterthurerstrasse 18b
Tel.: +41 (0)43 466 95 11 Fax: +41 (0)43 466 95 10
info@glascafe.ch
www.glascafe.ch
Öffnungszeiten: gemäß Kalender auf der Website
Über 400 verschiedene Farben und Formen von TOHO-Perlen sowie Zubehör, Glasperlen- und FIMO-Schmuckkurse, Onlineshop

Onlineshops

18196 Dummersdorf
Creanon
Claudia Schumann
Ahorneck 6
Tel.: 038208-826568
info@creanon.de
ww.creanon.de
Öffnungszeiten nach Vereinbarung
Delicas: mehr als 700 Farben in 4 Größen, Saatperlen (Rocailles) in großer Auswahl, diverses Zubehör und Anleitungsbücher

28876 Oyten
Anke Glauche
Galeria Perla
Borsteler Str. 48
Tel.: 04207-7788 Fax: 04207-695510
Di 15.00–18.00 Uhr, Onlineshop 24 h
galeriaperla@freenet.de
www.galeriaperla.de
Schmuckzubehör, Gold- und Silberperlen, Verschlüsse und Edelsteine

40723 Hilden
Beadlibitum
Guido Buschmann
Talstraße 12
Tel.: 02103-4937881
info@beadlibitum.de
www.beadlibitum.de
Öffnungszeiten: n. Vereinbarung, Online-Shop 24 h
TOHO-Perlen in 15 Formen und Größen, Perlenmagazine, tschechische Perlen in vielen versch. Formen und Größen, Zuchtperlen, Rohholzperlen, Fädel- u. Häkelanleitungen, hochwertiges Zubehör

42109 Wuppertal
Pujalu
Hainstr. 220b
Tel.: 0202-84828 Fax:0202-8709991
info@pujalu.de
www.pujalu.de
Mo + Fr 15.00–19.00, Di + Do 9.00–13.00 Uhr,
Sa 10.00–14.00 Uhr
Perlen Delica, Miyuki, Holz, Fell, Filz, Metallzwischenteile, komp. Zubehör in Echt Silber oder Metall, Leder, Kautschuk, Bänder und Wechselringe

47443 Moers
Magic and Arts
Dagmar Dahlen-Tayab
Kirschenallee 15
Tel.: 02841-6079658, Fax: 02841-6079657
dahlen-tayab@arcor.de
www.magic-and-arts.com
Öffnungszeiten nach Vereinbarung
Große Auswahl an Silberperlen, Schmuckzubehör, Perlen aus aller Welt

49134 Wallenhorst / Osnabrück
Perlenexpress
Rathausallee 9
Tel.: 05407-31077
info@perlenexpress.de
www.perlenexpress.de
Öffnungszeiten: Onlineshop und nach telefonischer Vereinbarung
Kursangebote: 1x im Monat
Glasperlenschmuck – eigene Kreationen, Toho, Miyuki, Swarovski, grße Auswahl an Zubehör

50993 Köln
Glasperlendiscount
Luiz Miquel Pimenta Matos
Aachener Strasse
info@glasperlendiscount.de
www.glasperlendiscount.de
Öffungszeiten: Onlineshop
Discountpreise das ganze Jahr

58256 Ennepetal
Bastel-Kasten
Oliver Greb
www.Bastel-Kasten.de
info@bastel-kasten.de
Öffnungszeiten 24 Stunden – 7 Tage d. Woche
Schmuckelemente 925-er Silber, Swarovski-Perlen und -Anhänger, Aufreih- und Fädelmaterial, Werkzeuge/Zubehör, Ketten (auch Meterware), Kesselsteine, Metall- und Acrylteile, Rocailles und Delicas, Wechselschmuck, Perlen in verschiedenen Farben, Formen und Materialien. Lassen Sie sich inspirieren.

85221 Dachau
Beadabit
Ralf Jocham
Felix-Bürgers-Str. 7
Tel.: 08131-84782
www.beadabit.de
info@beadabit.de
nur Onlineshop
Miyuki-Rocailles, Silberverschlüsse

93040 Regensburg
Kunstgewerbe Mücke
Dr. Robert Mücke
Hackengässchen 6 (Eingang unter den Schwibbögen)
Tel.: 0941-58612295 Fax: 0941-58612296
kunstgewerbe-muecke@t-online.de
www.kunstgewerbe-muecke.de
Mo–Fr 10.00–18.00, Sa 10.00–13.00 Uhr
Komplettes Swarovski-create-your-style-Sortiment, Toho-Perlen, Polaris, Glasperlen aller Art, Groß- und Einzelhandel

Kursverzeichnis

10365 Berlin
Ute Kluwe Kreativkurse
Ute Kluwe
Albert-Hößler-Straße 12
Tel.: 0176-80001816
kreativkurse@t-online.de
Individuelle Perlenkurse mit max. 4 Teilnehmern (u.a. bei PearlsPlanet) für Einsteiger & Könner! Persönliche Abstimmung der Kursinhalte nach Ihren Wünschen und Vorkenntnissen, z.B. div. Fädel- und Häkeltechniken, Embroidery, Konfektionierung fertiger Arbeiten, Herstellung und Anbringen von Verschlüssen und vieles mehr ... Buchen Sie Ihr individuelles Perlenerlebnis unter: kreativkurse@t-online.de, Tel. 0176-80001816

42103 Wuppertal
Obsidian
C. Eppel
Friedrich-Ebert-Str. 72
Tel.: 0202-7581490
cornelia.eppel@t-online.de
www.go-obsidian.de
Glasperlendrehen – Sie erlernen das Herstellen von Glasperlen am Brenner. In ca. 4 Std. vermitteln wir Ihnen verschiedene Mustertechniken wie Tupfer, Kringel .... Fädelkurse – unsere Dozenten zeigen Ihnen, wie Sie Ringe oder Kugeln ... aus Swarovski-Perlen fädeln. Peyote-Technik ...

42109 Wuppertal
Pujalu
Petra Schmidt
Hainstr. 220b
Tel.: 0202-84828 Fax:0202-8709991
info@pujalu.de
www.pujalu.de
Kettenkurse: max. 6 Teilnehmer, 3 Stunden, Gebühr 5,–Euro zzgl. Material; Swarovskikurse: max. 6 Teilnehmer, 3 Stunden, Gebühr 12,–Euro zzgl. Material; Delica & Co. sowie Häkelketten Kurse: max. 6 Teilnehmer, 3 Stunden, 12,–Euro zzgl. Material; Grundkurse: max. 5 Teilnehmer, 2,5 Stunden, Gebühr 5,–Euro zzgl. Material Kindekurse/Kindergeburtstage: max. 8 Teilnehmer, 2 Stunden, ausführliche Infos unter Rubrik workshops auf www.pujalu.de

45128 Essen
Steinchen – der Perlenhimmel
B. Stieb
Huyssenallee 9
Tel.: 0201-2200575
www.steinchen-essen.de
Di–Fr 11.00–18.30, Sa 10.00–15.00 Uhr
Grundkurs: Vermittlung von Grundtechniken z. Herstellung von Ketten, Armbändern, Ohrringen; optimierten Materialeinsatz u. Aufbau d. Schmuckes, insbesondere in Gestaltung und Verschlussmöglichkeiten (Quetschperlen, Kalotten, Gummi-/ Nylonbänder usw.). Fädelkurs: Erlernen der wesentlichen Grundtechnik am speziellen Ringmodell (mittelschwer) als Basis für eigenständiges Umsetzen von anderen Motiven und Anhängern. Grundsätzliches: Mindestalter 16 Jahre, tel. Terminauskunft möglich – verb. Anmeldung im Laden.

IBA
INTERNATIONAL BEAD AWARD

Mit dem International Bead Award (IBA) startet der Beaders Best Verlag einen Wettbewerb in der Kunst der Perlenverarbeitung. Dieser wird ausgeschrieben für Perlenkünstler aus aller Welt. Eine 5-köpfige Jury, international besetzt, vergibt in jeder Wettbewerbskategorie erste, zweite und dritte Preise. Alle Einreichungen werden nach der Stimmenvergabe der Jury auf der Internetseite von Perlen Poesie präsentiert. Die Leserschaft wählt daraus zusätzlich den Publikumspreis.

Klassen
Zugelassen werden Personen, die selbst Perlen verarbeiten, sie werden in 3 Klassen eingeteilt:

1. Hobbyisten: Personen, die Schmuckherstellung oder andere Arten der Perlenverarbeitung als privates Hobby betreiben. Anfänger und Fortgeschrittene

2. Professionelle: Schmuckmacher/-innen mit angemeldetem Gewerbe; Geschäftsinhaber/-innen oder ein von ihnen bestimmter Vertreter (z.B. Mitarbeiter); Galeristen u. a.

3. Meisterklasse: Personen der Klasse 1. oder 2., die auf höchstem Niveau der Perlenkunst arbeiten

Wettbewerbskategorien:
1. Lampwork/Wickelperlen
Handgefertigte Glasperlen – als eigenständige Perle/n oder fertiges (Schmuck-)Stück aus bzw. mit selbst hergestellten Glasperlen.

2. Loomwork/Perlenwerke,
hergestellt mit Webrahmen.

3. Off-Loom/Perlenfädeln
Alle Arten und Techniken des Perlenfädelns, auch freies Weben oder Perlennähen genannt.

4. Perlenhäkeln
Alle Techniken des Perlenhäkelns

5. Embroidery/Perlenstickerei
Perlen sind auf einen textilen Untergrund genäht (gestickt).

6. Papier und/oder Textil
(Schmuck-)Stücke, die unter Verwendung von Papierperlen und/oder Perlen textiler Herstellung, z.B. Filzperlen, sowie deren Arbeiten, die mindestens zu 85 Prozent aus diesen Materialien gefertigt sind.

7. Polymer/Keramik/Porzellan
(Schmuck-)Stücke aus Polymer, Keramik und Porzellan und Arbeiten, die zu mindestens 80 Prozent aus diesen Materialien gefertigt sind.

8. Metall/Wirework
(Schmuck-)Stücke, die zu 80 Prozent aus Metallen, Draht, Schmuckdraht bestehen.

9. Mixed Media/Experimentell
Stücke, in denen hauptsächlich mindestens zwei Kategorien zur Anwendung gekommen sind (werden Werke eingereicht, die Holz, Bein, Horn, Samen enthalten, werden auch diese in dieser Kategorie bewertet).

Eingereicht werden können:
Schmuck, Skulpturen, Gefäße, Tiernachbildungen, Perlenbilder, zwei- oder dreidimensionale Arbeiten. Alle Techniken sind erlaubt, auf sorgfältige Ausführung sollte großer Wert gelegt werden. Um einer Kategorie zugeordnet werden zu können, sollte das fertige Stück zu 80 Prozent dieser Kategorie entsprechen.

Anmeldung
Die Wettbewerbsunterlagen liegen druckbereit als PDF auf der Internetseite von Perlen Poesie, www.perlen-poesie.de. Sie können auch aus dieser Ausgabe von Perlen Poesie herausgetrennt oder kopiert werden.

Anmelde-/Einreichungsschluss
Anmeldeschluss ist der 15.12.2010
Bis zu diesem Datum müssen die Wettbewerbsunterlagen, Anmeldung sowie dazugehörige Fotos (gedruckt oder digital) beim Beaders Best Verlag eingegangen sein. Einreichungen nach diesem Datum werden nicht berücksichtigt.

Einsenden
Unterlagen per Post oder per E-Mail an:
Beaders Best Verlag, Andrea Ott,
Elsässer Str. 11, 23564 Lübeck
iba@perlen-poesie.de
Die Fotos werden Eigentum des Beaders Best Verlages und nicht zurückgesandt. Wenn das Foto der eingereichten Einsendung zu einem Beitrag in der Perlen Poesie passt, erlauben wir uns ihr Schmuckstück zu dem Beitrag zu präsentieren.

Digitale Unterlagen/Fotos
Maximal 2 Fotos können pro Meldung gesendet werden. Es wird vorgeschlagen, dass eine Gesamtaufnahme sowie eine Detailaufnahme geschickt wird. Es sollte auf eine möglichst scharfe, detailreiche Aufnahme geachtet werden, ohne Beiwerk mit einfarbigem Hintergrund. Die Jury urteilt nur auf Grund der Fotos.
Bei Einsendungen per Post können eine CD oder ausgedruckte Fotos zugesandt werden. Fotos dürfen die Größe von 10 x 15 cm nicht überschreiten. Die Datenmenge eines digitalen Fotos darf nicht größer als 10 mb sein mit einer Auflösung von 350 dpi, in den Formaten JPG oder TIFF. Fotos in jeder Ausführung dürfen keine Kennzeichnungen haben, sonst erfolgt der Ausschluss vom Wettbewerb!
Der Beaders Best Verlag behält sich vor, bei unzureichenden, unscharfen, verwackelten Aufnahmen die Bewertung abzulehnen. Zudem behält sich der Beaders Best Verlag vor, Arbeiten bei falscher Kategorie-Zuordnung in die korrekte Kategorie zu verschieben.
Der Teilnehmer, dessen Stück/e in die nähere Auswahl kommt/kommen, erklärt sich bereit, auf Anfrage sein/e Werk/e dem Verlag zu Präsentationszwecken auf der Beaders Best Perlenmesse 2011 zur Verfügung zu stellen. Das/die Schmuckstück/e werden nach der Messe zurückgeschickt.